U0054135

社群主義
Communitarianism

應 奇◎著

孟 樊◎策劃

出版緣起

　　社會如同個人，個人的知識涵養如何，正
可以表現出他有多少的「文化水平」（大陸的
用語）；同理，一個社會到底擁有多少「文化
水平」，亦可以從它的組成分子的知識能力上
窺知。眾所皆知，經濟蓬勃發展，物價生活改
善，並不必然意味著這樣的社會在「文化水平」
上也跟著成比例的水漲船高，以台灣社會目前
在這方面的表現上來看，就是這種說法的最佳
實例，正因為如此，才令有識之士憂心。

　　這便是我們——特別是站在一個出版者的
立場——所要擔憂的問題：「經濟的富裕是否
也使台灣人民的知識能力隨之提昇了？」答案

恐怕是不太樂觀的。正因爲如此，像《文化手
邊冊》這樣的叢書才值得出版，也應該受到重
視。蓋一個社會的「文化水平」既然可以從其
成員的知識能力（廣而言之，還包括文藝涵養）
上測知，而決定社會成員的知識能力及文藝涵
養兩項至爲重要的因素，厥爲成員亦即民眾的
閱讀習慣以及出版（書報雜誌）的質與量，這
兩項因素雖互爲影響，但顯然後者實居主動的
角色，換言之，一個社會的出版事業發達與否，
以及它在出版質量上的成績如何，間接影響到
它的「文化水平」的表現。

　　那麼我們要繼續追問的是：我們的出版業
究竟繳出了什麼樣的成績單？以圖書出版來
講，我們到底出版了那些書？這個問題的答案
恐怕如前一樣也不怎麼樂觀。近年來的圖書出
版業，受到市場的影響，逐利風氣甚盛，出版
量雖然年年爬昇，但出版的品質卻令人操心；
有鑑於此，一些出版同業爲了改善出版圖書的
品質，進而提昇國人的知識能力，近幾年內前
後也陸陸續續推出不少性屬「硬調」的理論叢

書。

　　這些理論叢書的出現，配合國內日益改革與開放的步調，的確令人一新耳目，亦有助於讀書風氣的改善。然而，細察這些「硬調」書籍的出版與流傳，其中存在著不少問題。首先，這些書絕大多數都屬「舶來品」，不是從歐美「進口」，便是自日本飄洋過海而來，換言之，這些書多半是西書的譯著。其次，這些書亦多屬「大部頭」著作，雖是經典名著，長篇累牘，則難以卒睹。由於不是國人的著作的關係，便會產生下列三種狀況：其一，譯筆式的行文，讀來頗有不暢之感，增加瞭解上的難度；其二，書中闡述的內容，來自於不同的歷史與文化背景，如果國人對西方（日本）的背景知識不夠的話，也會使閱讀的困難度增加不少；其三，書的選題不盡然切合本地讀者的需要，自然也難以引起適度的關注。至於長篇累牘的「大部頭」著作，則嚇走了原本有心一讀的讀者，更不適合作為提昇國人知識能力的敲門磚。

　　基於此故，始有《文化手邊冊》叢書出版

之議，希望藉此叢書的出版，能提昇國人的知
識能力，並改善淺薄的讀書風氣，而其初衷即
針對上述諸項缺失而發，一來這些書文字精簡
扼要，每本約在六至七萬字之間，不對一般讀
者形成龐大的閱讀壓力，期能以言簡意賅的寫
作方式，提綱挈領地將一門知識、一種概念或
某一現象（運動）介紹給國人，打開知識進階
的大門；二來叢書的選題乃依據國人的需要而
設計，切合本地讀者的胃口，也兼顧到中西不
同背景的差異；三來這些書原則上均由本國學
者專家親自執筆，可避免譯筆的詰屈聱牙，文
字通曉流暢，可讀性高。更因為它以手冊型的
小開本方式推出，便於攜帶，可當案頭書讀，
可當床頭書看，亦可隨手攜帶瀏覽。從另一方
面看，《文化手邊冊》可以視為某類型的專業
辭典或百科全書式的分冊導讀。

　　我們不諱言這套集結國人心血結晶的叢書
本身所具備的使命感，企盼不管是有心還是無
心的讀者，都能來「一親她的芳澤」，進而藉
此提昇台灣社會的「文化水平」，在經濟長足

發展之餘，在生活條件改善之餘，國民所得逐日上昇之餘，能因國人「文化水平」的提昇，而洗雪洋人對我們「富裕的貧窮」及「貪婪之島」之譏。無論如何，《文化手邊冊》是屬於你和我的。

孟　樊

一九九三年二月於台北

序

一九九八年四月，我完成小書《羅爾斯》，交由生智文化事業公司，作爲「當代大師」系列之一出版。在撰寫此書過程中，我一直試圖在新自由主義、社群主義（Communitarianism）和批判理論（Critical Theory）三足鼎立的態勢中把握羅爾斯（John Rawls）思想的發展。但由於論題和篇幅的限制，在當代政治哲學中才俊輩出、地位顯赫的「社群主義」流派的許多精采理論內容部分，因而未能得到詳細的開展。

窮其源而暢其流，正當我考慮沿波而下，進一步就社群主義政治哲學作番系統考察時，孟樊先生約我爲他策劃、主編的「文化手邊冊」

系列撰寫《社群主義》一書，遂欣然應命。我與
孟樊先生素未謀面（寫作本書之時），但他以一
個學者型出版人的敏感和熱情對我的工作給予
極大的理解和支持，其情甚可感也。詩云：嚶
其鳴矣，求其友聲，殆此之謂乎！

　　由於我蟄居外省，尋覓相關的外文原著和
研究資料殊為困難。友人劉時工君、吾弟應傑
在查找、複製相關文獻方面多所助益，盛誼高
情，用致謝忱。

　　麥金泰爾（Alasdair MacIntyre）、桑德爾
（Michael Sandel）、華爾澤（Michael Walzer）
和泰勒（Charles Taylor）是公認的社群主義四
大代表人物，此四公皆著作等身，國際上相關
研究文獻亦頗為繁富。因此，要在這樣一本不
足十萬字的小書中對社群主義的思想作面面俱
到的評論顯然是不實際的。儘管我作了最大的
努力，但由於學力和時間的限制，是書中材料
運用方面之畸輕畸重，翻譯性語言之未盡芟除，
均恐在所難免。但我自信本書對社群主義之主
導理念及其代表性人物之理論架構的把握是「雖

不中，亦不遠」的，同時亦誠望博雅君子有以
教我，使我在今後的工作中有所遵循。

應　　奇

一九九八年十月八日於杭州

目　錄

導　論

　　規範政治理論的復興是本世紀七〇年代以來當代西方政治哲學中十分引人矚目的現象，這一復興的主要標誌即是新自由主義的旗手羅爾斯的扛鼎之作《正義論》（*A Theory of Justice*, 1971）。《正義論》的目標是透過恢復和提高支配了啓蒙運動政治思想的社會契約論的論證模式，以取代在道德哲學和政治哲學中占有統治地位和壓倒優勢的功利主義。已故的牛津法哲學家哈特（H. L. A. Hart）教授對權利自由主義戰勝功利主義的情形曾作了這樣的概括：「舊的信仰是，某種形式的功利主義必定能夠把握住政治道德的本質；新的信仰則是真理必定在

於關於基本人權的學說，它倡導保護特定的個
人基本自由和利益。」[1]

　　在整個七○年代，以羅爾斯爲代表的左翼
自由主義和以諾錫克（Robert Nozick）爲代表
的右翼自由主義的爭論占據了當代西方倫理學
和政治哲學的中心舞台。但是，正如社群主義
的重要代表人物桑德爾教授所言，「政治哲學
也像日常生活一樣，新的信仰很快會變成舊的
信仰。」[2]果然，八○年代中期以來，爭論的
焦點發生轉移，這種轉移是由對羅爾斯正義論
的第二輪批判浪潮所帶動的，從而形成了自由
主義與社群主義的對立。

　　如果說，七○年代政治哲學的主要話題是
新自由主義的「社會正義」（social justice），
八○年代政治哲學的主要話題是社群主義的「社
群」（community）[3]，那麼，進入九○年代，
「社會正義」和「社群」則同時成爲了政治哲
學的主要話題。這一發展軌跡十分明顯地反映
在近三十年來發表的政治哲學著作中。七○年
代，最重要的政治哲學著作是羅爾斯的《正義

論》，諾錫克的《無政府、國家與烏托邦》（*Anarchy, State and Utopia*, 1974）和德沃金（Ronald Dworkin）的《認真地對待權利》（*Taking Rights Seriously*, 1977）這些新自由主義的經典之作；八〇年代，社群主義的四大代表人物麥金泰爾、桑德爾、華爾澤和泰勒的主要作品紛紛出版，《德性之後》（*After Virtue*, 1981）、《自由主義和正義的局限》（*Liberalism and the Limits of Justice*, 1982）、《正義的領域：捍衛多元主義和平等》（*Spheres of Justice: A Defence of Pluralism and Equality*, 1983）、《自我的源泉：現代認同的形成》（*Sources of the Self: the Making of the Modern Identity*, 1989）是其中的頂尖之作；迨至九〇年代，無論是在羅爾斯的《政治自由主義》（*Political Liberalism*, 1993），哈伯瑪斯（Jürgen Habermas）的《事實與有效性》（*Faktiziät und Geltung*, 1992），泰勒的《本真性倫理學》（*The Ethics of Authenticity*, 1991）、《承認的政治》（*The Politics of Recognition*, 1994）這些大師級人物的作品，還是在如瓦諾

克（Georgia Warnke）的《正義與解釋》（*Justice and Interpretation*, 1992）、伯內斯（Kenneth Baynes）的《社會批判的規範基礎》（*The Normative Grounds of Social Criticism*, 1992）這樣一般的研究性著作中，都可以見出當代政治哲學中的自由主義、社群主義乃至於批判理論鼎足而立、相互辯難、交光互影的絢爛場景。

　　「社群主義」的英文 Communitarianism 的詞根是 Community，通常譯爲「社群」、「共同體」或「社區」，其內涵是「在認同、自我意識和共同利益方面具有同感的社會群體，」[4]它是政治理論中使用十分普遍，然而又欠精確的術語之一。德國社會學家滕尼斯（Ferdinard Tönnies）在「社群」或「共同體」（Geminschaft, Community）和「社會」或「聯合體」（Geselluschaft, Association）之間進行了區分。在他看來，界定一個社群的經驗特質是由社群的淵源所賦予的。人們可以有意識地建立、設置和加入各種各樣的聯合體，而社群卻是有機的，是一個人生於斯長於斯的場所，它基於血緣、親族、共

居處和地域以及一系列共同的態度、經驗、感
情和氣質。因此，與社會或聯合體不同，社群
是一個與契約或利益相對立，關於出身、地位
和氣質的問題，前工業社會的鄉村社群是這方
面的一個典型例證。正如有論者指出的，左派
和傳統派或浪漫主義的右派這兩翼都非常看重
社群，但是在他們各自的觀點中，社群存在的
社會條件和它所體現的各種關係的性質是大異
其趣的；另一方面，自由派人士雖然承認訴諸
社群的作法所具有的感人力量，但是它們卻從
未真正弄清楚如何將社群的豐富含義納入自由
主義理論之中，因為自由主義對個人自由的信
奉似乎是與社群主義的觀點相抵觸的。[5]

　　十分清楚，作為一種強調社區聯繫，環境
和傳統的積極價值以及共同利益，旨在揭示人
格自足的形而上學的虛假性並遏制自由主義帶
來的個人主義的極度發展所產生的危害性的理
論思潮的社群主義，正是在與形形色色的自由
主義特別是其當代的表現形式即新自由主義的
論戰中發展起來的。

　　從社群主義理論的內在展開來看，如果說麥金泰爾藉回溯西方社會的道德、政治文化傳統，揭示啓蒙運動對道德合理性的論證的失敗，呼籲重新回到亞里斯多德的德性論和實踐理性傳統，從而爲社群主義對新自由主義的權利優先論（the primacy-of-right theory or rights-based theory）的批判進行了歷史學的和語言學的奠基；桑德爾透過機智地運用後現象學哲學中產生的「後個體主義」（post-individualism）觀念，反駁羅爾斯爲代表的新自由主義的「無限制」、「無約束」的個人主義，主張社群的善必須得到尊重，個人的權利必須加以限制，倡導建立一種「構成性的社群觀」（constitutive conception of community）和「構成性的自我觀」（constitutive conception of self），從而對權利自由主義的個體自主和權利優先的觀點進行了最系統、最富思辨性的批判；而華爾澤藉由其多元主義的「社會物品」（social goods）理論，探索了社群中的不同主義領域和每個人具有的不同的成員身份（membership）對人們的道德生活的制約和

影響，就以建立在特定社群分享的理解基礎上
的正義模式取代了個人自由的正義模式，爲一
種多元主義正義論進行了辯護；那麼，泰勒則
透過由「行爲的解釋」和黑格爾哲學研究開始
的多彩多姿的哲學之旅，批判了社會理論中的
行爲主義和政治哲學中的原子主義（atomism），
並且廣泛涉獵人文社會科學諸領域，在文化多
元主義的境遇中深刻地回應了解釋的衝突，爲
「本真的倫理」和「承認的政治」搖旗吶喊，
其影響之大、讀者面之廣可與艾賽亞‧柏林
（Isaiah Berlin）和理查德‧羅逖（Richard Rorty）
比肩，其文化批評大師和知識分子良心的丰姿
堪與新自由主義的旗手羅爾斯和批判理論的主
將哈伯瑪斯媲美，是社群主義諸大家中最具內
涵性和影響力的巨擘。

註　釋

1. H. L. A. Hart, 'Between Utility and Rights', *The Idea of Freedom*, ed. by A. Ryan, Oxford, 1977, p.77.

2. M. Sandel, *Liberalism and Its Critics*, Oxford: Blackwell, 1984, p.3.

3. W. Kymlicka and W. Norman, 'Return of the Citizen: A Survey of Recent Work on Citizenship Theory', *Ethics*, No.104, 1994.

4. 傑克・普拉諾等著，《政治學分析詞典》，北京：中國社會科學出版社，一九八六年，頁二四。

5. 參見《布萊克維爾政治學百科全書》,（*The Blackwell Encyclopaedia of Political Science*），「社區・共同體」條目，北京：中國政法大學出版社，一九九二年。

第一章
在亞里斯多德
和黑格爾的陰影裡[1]

儘管 Communitarianism 是一個「當代的新詞」，[2]也儘管社群主義是在與以羅爾斯為代表的新自由主義的論戰中發展起來的，但在西方政治思想史上，從亞里斯多德（Aristotle）、盧梭（J. Rousseau）到黑格爾（G. W. F. Hegel），關於社群與社群關係的思考不絕如縷，並且其重要性一直得到歷代政治理論家的重視。

近代以來，社群的思想與自由主義的思想呈此消彼長之勢，強調社群的觀點常常與功利主義和保守主義相聯繫，強調個人的觀點則往往與個人主義和自由主義相聯繫。值得注意的是，從十九世紀以來，對自由主義的批判呈愈

演愈烈之勢，承盧梭之餘緒的黑格爾和馬克思（K. Marx）是典型的代表人物。[3]他們試圖用有機的、精神性的和統一的社會秩序的觀念去取代自由主義的以促進利益的契約為基礎的社會概念。從這個意義上說，當代出現的社群主義對自由主義的批判並非新生事物。事實上，當代社群主義者確實經常借鑑黑格爾對康德（I. Kant）的批評，同情馬克思對自由主義的批判，甚至出現了從亞里斯多德那裡借用理論資源的傾向。

一、城邦政治學與德性學說

一般來說，政治理論是當人們開始認識到其政府形式和社會制度不僅受永恒不變的傳統支配，而且可以予以修正之時出現的一種智力活動。但是，嚴格意義上的理性主義的政治理論卻只是奠基於西方文化的發展之中並且和西方文明一樣古老的。正如政治理論史研究的開

山鼻祖鄧寧（W. A. Dunning）教授指出的，政治理論和政治意識都始於希臘人，並且主要限於「歐洲亞利安民族的哲學之中」，希臘人已經「探索了人類政治能力的所有方面，並總結出在任何時代任何情況下都決定著政治生活的一般特徵的規律」，希臘人關於政治權威的思想包括了「實際上一切已經提出的答案」。[4]

　　具體來說，政治研究是和社會研究在雅典（Athens）同時產生的，在柏拉圖（Plato）的對話中臭名昭彰，一直到十九世紀中葉的希臘史研究（如 G. Grote 的著作）中才得到公正的評價。智者（Sophist；又稱詭辯學者）是社會研究的開創者。「自然」（physics）和「習俗」（nomos）的爭論是當時的社會研究主題。[5]智者的活動一方面推進了修辭學和論辯術，活躍了城邦的公共領域和政治文化，另一方面則助長了相對主義和個體主義傾向的抬頭。普羅哥拉斯（Protagoras）的名言「人是萬物的尺度，是存在者存在的尺度，亦是不存在者不存在的尺度」既是新的時代精神的號角，亦是城邦危

機的先聲。柏拉圖和亞里斯多德正是在這樣的
情形下登上哲學舞台的，智者則是柏拉圖在哲
學上最主要的敵人之一。

　　正如薩班（G. H. Sabine）教授所說的，政
治哲學著作的大量問世，是社會本身正在經歷
艱難困苦時期的徵兆。在經典政治哲學創造的
第一個高峰時期即公元前三七五~三二五年的雅
典，希臘城邦從文化上的領導地位跌落下來，
這一古代世界主要的精神大動盪在柏拉圖的《共
和國》（*Republic*；或譯為《理想國》）、《法
律篇》（*Law*）和亞里斯多德的《政治學》（*The
Politics*）和《尼各馬科倫理學》（*Nicomachean
Ethics*）這些政治哲學史上最偉大的著作中留下
了深刻的烙印。[6]

　　如前所述，克服相對主義是柏拉圖哲學事
業的動力之一。《蘇格拉底（Socrates）—柏拉
圖對話錄》的重要論題「德性（arete, virtue）
即知識」，則是反對智者的相對主義和個體主
義的主要武器。[7]蘇格拉底既然將哲學的核心
由「自然」轉向「自我」，於是哲學的內容也

隨之由思辨性的反思轉向實踐性的批判，蘇格拉底的歷史功績之一就是使倫理學科學化，道德、倫理變爲核心部分，而這個核心又集中在「德性即知識」的命題中。

　　「德性」這個詞，現在流行的術語中往往就英語的 virtue 而譯作「美德」，但在《蘇格拉底─柏拉圖對話錄》和亞里斯多德的著作中，arete 的涵義卻廣泛、深沉得多。一切事物不但是人，都具有自己的本性，自己的特長。在他或它的這一特長充分發揮時，就稱之爲 arete，可見，古希臘語中的 arete 和古漢語中的「德」這個詞相當。[8]但這個詞的基本意思還是與「人」相關的，即主要是人的優良品質。蘇格拉底所謂「知識」，不同於感受，不同於流行的意見，而是一種理性的、必然的真理，它既不是自然的物理知識，也不是自然的數量知識，而是整個世界的理念知識，善的知識，「自我」的知識。而以教授知識爲業的智者學派所謂的知識，在蘇格拉底看來是沒有普遍性和必然性的，他們對世界的觀念是一些「意見」，而不

是確實可靠的必然的「知識」。

很明顯，「德性即知識」是蘇格拉底倡導的「知行合一論」的理論基石。也正是這種「知行合一論」遭到了亞里斯多德的批評，因為亞里斯多德正是把倫理學作為行為規範並使之經驗科學化的第一個哲學家。

在亞里斯多德看來，「德性即知識」論的錯誤在於它等同「知」和「行」，否認「知」和「行」之間的區別和矛盾。亞里斯多德指出，知行合一只適用於理論知識而不適用於實踐知識。

亞里斯多德認為知識主要有三種：理論的，應用的，或生產的。追求第一種是以其自身為目的，追求第二種是作為行為的手段，追求第三種則是作為製造有用或善的東西的手段。最高的應用科學是政治學，倫理學僅僅是這門學科的一部分，因此，倫理學並不是一門獨立的科學，它只是研究德性的科學或「我們關於德性的討論」。[9]亞里斯多德的倫理學是關於社會的，他的政治學則是關於倫理的。在《倫理

學》中，他認爲個體的人是基本的社會成員；
在《政治學》中，他認爲國家的善的生活僅僅
存在於其公民的善的生活中。

應當注意到，柏拉圖在《共和國》中除了
仍著重於蘇格拉底的核心哲學思想（即理念論）
外，還特別著重研究社會政治制度方面的問題。
如果說，這標誌著柏拉圖的思想從蘇格拉底的
側重於「自我」的倫理、道德功能，轉向主體
的社會制度問題，那麼亞里斯多德的涵蓋倫理
學和政治學的實踐哲學則是柏拉圖開闢的這一
方向在古代世界的集大成者。[10]

儘管亞里斯多德認爲倫理學是研究德性的
科學，但正如麥金泰爾指出的，亞里斯多德並
不認爲自己是在創立一種德性理論，而只是明
確地表述一種被認爲隱含在一個受過良好教育
的雅典人的思想、言語和行動中的論點。他所
尋求的是最好城邦中最好公民的理性聲音。亞
里斯多德認爲城邦是人類生活的德性能得到真
正而充分展現之唯一的政治形式。因此，「一
種德性的哲學理論是這樣一種理論：其題材是

那個時代最好的德性實踐所隱含的，也以這種
實踐爲先決條件的前哲學理論（prephilosophical
theory）。這種理論當然不必需那種實踐，而隱
含在實踐中的前哲學理論是這種理論的標準，
因爲哲學必須有一個社會學，或者如亞里斯多
德所說，政治學的出發點。」[11]

亞里斯多德的倫理學是以人的活動的目的
性爲出發點。每一種活動，每一種探索和每一
次實踐都旨在某種善，而「善」或「某種善」
即是人性的目的。以其形而上學的生物學爲預
設前提，亞里斯多德認爲，像其他物種一樣，
人類的成員有一種特殊本質，這種本質決定了
他們都有一定的目的和目標，並使他們在本性
上朝著一個特殊目的（telos）邁進。根據目的
的特殊性來界定的善，既有地方性和特殊性，
又有世界性和普遍性。

那麼，什麼是人類的善呢？亞里斯多德反
對把善與金錢、榮譽或快樂等同起來。在亞里
斯多德看來，善意味著「幸福」（eudaimonia）。
確切地說，善是這樣一些品質，擁有它們就會

使一個人獲得幸福，缺少它們就會妨礙他達到這個目的，而德性的踐行是構成人類的善最好時期的全部人類生活必要的和中心的部分。運用德性的直接後果就是選擇正當的行為，因此，德性是內在於人類活動本身的。

在這裡，值得注意的是，亞里斯多德並沒有明確區分兩種不同的手段—目的關係，也就是說，亞里斯多德並不承認有所謂事實和價值或「是」（to be）和「應當」（ought to be）的區分，因為在一個既定的情況下，一個正當的行為（right act）就是作為一個好人（a good man）所會選取的行為。而判定一個人是否好人，便是一個事實和考察，看他是否已實現了他的目的。這一點典型地表現在所謂道德格式的三個因素中：（1）作為現實的人（man as he is ）；（2）當他實現他的目的時，將會成為怎樣的人（man as he would be if he fulfilled his telos ）；（3）一套關於德性的規條，這些規條能使人從（1）過渡到（2）（precepts about the virtues that make possible the passage from 1 to 2 ）。[12]

　　亞里斯多德之所以能夠堅持事實和價值的
統一性，與他對德性的統一性之預設有關，而
這種信念是他從他的老師柏拉圖那裡繼承下來
的。柏拉圖否定個體的善與城邦的善發生衝突
的可能性，亞里斯多德和柏拉圖一樣把衝突當
作惡，只不過亞里斯多德把它當作是一種可以
消除的惡。人類之善存在於一個有共同目標的
社群，它預設了這社群中關於善和德性的廣泛
一致，這種一致使得公民和城邦結為一體成為
可能。可見，「城邦和一種城邦概念的確提供
了一種架構；在這一架構內，亞里斯多德發展
出他對正義、實踐推理及正義與實踐推理之間
關係的解釋。」[13]

　　如前所述，亞里斯多德根據每一種知識的
精確性（akribeia）程度對各種知識的探索和知
識門類進行區分。政治學作為應用科學被劃入
較不精確的科學，它作為一門完整的科學是對
善的實踐問題、或在善的實踐中表現出來的各
種問題的研究。顯然，對四樞德（智、節、勇、
義）中的最後一種（即正義之本性）的探索是

政治學的一部分。

　　在亞里斯多德看來，在最廣泛、普遍的意義上，正義作為最高的德性，是用來指法律所要求的一切，就是說，它是指每一個公民在他與所有其他公民的關係中要實踐所有的德性。狹義的正義則有兩種形式，即分配的正義和校正的正義。校正的正義具有儘可能恢復被某種或某些不正義的行動所毀壞部分的那種正義秩序的作用；而分配的正義則在於遵守那種規定受校正正義保護之秩序的分配原則。

　　亞里斯多德主張，分配正義必須符合某種形式的應得（desert），而應得的概念是與城邦的分層結構秩序聯繫在一起的。因此，應得的概念只有在下面兩個條件得到滿足的情境中才能得到應用。即必定有某種共同的事業是這樣一些人想成就的目標，他們被看作是比那些沒有這種目標的人更應該多作貢獻的。其次，對於怎樣評價這些貢獻並怎樣給予相應的獎賞，人們必定有一種共享的觀點。而這兩個條件只有在亞里斯多德理想的城邦生活中才能得到滿

足，因爲在城邦生活中，在公民德性和個人德性的追求之間沒有任何不相容性。

　　要注意的是，亞里斯多德在對正義進行闡述時，沒有提到他對實踐推理的解釋；而關於實踐推理的討論又往往不提正義。但正如麥金泰爾指出的，「只有按照亞里斯多德對這兩個問題中某一問題的看法來理解另一個問題，這兩個問題中某一個問題的思想才是可理解的；而兩者都只有按照他闡明的城邦思想才能得到理解。」[14]

　　具體來看，亞里斯多德認爲，和其它任何德性一樣，如果人們沒有實踐理性，就不能實踐正義的德性。這是因爲，關於什麼是正義的真理是從屬於關於什麼是善的真理而來，並把它們落實在具體行動中的能力，即是用一種必要的方式在特殊情形下把這些真理具體落實在行爲上的理性能力。[15]

　　按照亞里斯多德的解釋，實踐理性在特殊情形下的應用包括兩個階段。在行動之前並產生行動的是演繹推理方式，即俗稱的「實踐三

段論」。這種三段論包括兩個前提，第一個前
提是大前提（麥金泰爾稱作「原發前提」），
它斷定，什麼是行為主體聲明的行動中最重要
的善或不該做的事；第二個前提即小前提，斷
定主體所聲明的特殊處境是什麼，假定大前提
中的善仍是重要的，那麼，這種處境將要求人
們做出某種行動。而從這些前提中得出的結論，
就是被要求的行動。[16]但是，在一個實踐的理
性主體認可一個實踐三段論的前提之前，他必
須建構特殊的三段論。人們運用實踐理性的第
一階段，是三段論的構成階段，亞里斯多德稱
之為確立（boulé）和「良好確定」（euboulia）。
[17]可見，賦予主體的實踐三段論以實踐力量的
不是三段論本身，而是一個單一的、儘管可能
是複雜的最高善的概念，這也是亞里斯多德實
踐理性學說的中心。

　　總的來說，在亞里斯多德的倫理學和政治
學中，城邦被理解為一種社會秩序的形式，它
的共享的生活樣式已經表達了對「什麼是人類
最好的生活樣式」這一問題的集體性回答。當

且僅當從一既定城邦內部出發，我們才能有意義地按照我們所擁有的各種辯證推理的評價和資源，建構一種對（迄今為止所提示的）至善的更好的解釋。

「只有在系統的善得到明確規定而個體於其中扮演和更換既定角色的行動形式中，才能體現以善和最高善為目標的合理性行動標準。做一個合理的個體，就是要參與這種形式的社會生活，就是要盡可能地遵循這些標準。正是因為城邦為這種系統行動提供了場所，所以城邦也是合理性的領地；而且正是因為亞里斯多德斷定除了城邦之外，任何形式的政府都不能把人類不同的系統行動整合為一個統一的活動形式，在這個活動形式中，每種善的追求都有其理由，他才又斷定只有城邦才能提供合理活動的場所，城邦之外沒有什麼實踐合理性，這是『教會之外無拯救』這一拉丁箴言在亞里斯多德那裡的對應語。」[18]

二、黑格爾的社會政治理論

經典的政治理論，肇端於柏拉圖和亞里斯多德，終結於黑格爾和馬克思，這是政治理論史研究傳統中已經形成的共識。有意思的是，右翼的自由主義和左翼的馬克思主義都對黑格爾的社會政治理論不抱好感，甚至惡語相向。事實上，黑格爾政治哲學的視野超出了狹隘的自由主義傳統的樊籬，而馬克思主義和黑格爾主義的連續性儘管經過了所謂西方馬克思主義鼻祖盧卡奇（Georg Lukács，如他的著作《青年黑格爾》）的張揚，似乎仍沒有引起人們足夠的重視。在這樣的背景下，社群主義對黑格爾的援引不能不說是十分引人注目的。

黑格爾的政治哲學中特別引起社群主義共鳴的地方在於前者對盧梭和康德所代表的所謂抽象自由觀的批判。這是因為權利自由主義的主要理論支柱之一就是康德哲學，而社群主義

崛起的直接背景則是對權利自由主義的批判。

　　《法權哲學》（或稱《法哲學》）對盧梭
的批判是廣為人知的，從盧梭理論的效果歷史
（wirkungsgeschichte）的角度看，黑格爾把對
盧梭的批判和對法國大革命由片面追求抽象的
自由、平等演化成的專制和恐怖惡果的揭示結
合起來，似乎是有堅實的歷史依據的。從這種
批判的理論依據來看，應注意黑格爾對經典政
治哲學的第二個高峰時期（前一個為古希臘城
邦政治學）即近代民族國家時期的社會契約論
傳統的根本拒斥。在黑格爾看來，社會契約論
帶有「抽象推論」的特點。因此，儘管盧梭明
確認為公意並不是每個意志中抽象的共性，[19]
黑格爾也肯定盧梭提出以意志作為國家的原則
是一個進步。但他還是認為，盧梭「所理解的
普遍意志（general will；或稱為全意志）也不
是意志中絕對合乎理性的東西，而只是共同的
東西。」[20]以此為基礎，黑格爾對法國大革命
進行了嚴厲的批判。他把法國大革命概括為「最
殘酷的事變」，認為支配它的原則是抽象自由，

「當時一切才能方面和權威方面的區別，看來
被廢除了。這一時期是以戰顫（激怒）、震驚
（奮起）、勢不兩立，來對抗每個特殊物。因
為狂熱所希求的是抽象的東西，而不是任何有
組織的東西，所以一看到差別出現，就感到這
些差別違反了自己的無規定性而加以毀滅。」[21]

　　應該注意到，對盧梭抽象自由觀的批判從
康德那裡已經開始。康德在談到政體分類原則
時，尖銳地批判了民主政體，「民主政體在這
個名詞的嚴格意義上就必然是一種專制主義。
因為它奠定了一種行政權力，其中所有的人可
以對一個人並進而甚至是反對一個人而做出決
定，因而也就是對已不成其為所有的人的所有
的人而做出決定，這是公意與其自身及與自由
的矛盾」，[22]並且，康德在從根本上肯定法國
大革命標誌著人類向善前進的同時，也批判了
法國大革命由追求抽象的民主自由而演化成的
恐怖統治。有意思的是，儘管黑格爾高度評價
康德的實踐理性學說，[23]但黑格爾還是進一步
批判了康德的社會政治和法權學說。

　　在《法權哲學》第二十九節的註釋中，黑格爾把康德的法權學說概括為「限制我的自由或任性，使它能夠依據一種普遍規律而與任何一個人的任性並行不悖」他評論道，「這定義一方面只包含否定的規定，即限制；而另一方面它所包含的肯定的東西則歸結為人所共知的同一性和矛盾律」並把它稱為「盧梭以來特別流行的見解」。[24]這就是說，黑格爾認為，康德的自由觀和法權論仍帶有形式主義的特點，「這一原則一旦得到承認，理論的東西自然只能作為對這種東西所加的限制而出現；同時也不是作為內在的理性東西，只是作為外在形式的普遍物而出現，這種見解完全缺乏思辨的思想，而為哲學所唾棄。」[25]

　　由對康德自由觀的形式主義的指陳，黑格爾尖銳地指出，抽象的自律（autonomy）理論，最後必然仍求助於功利主義來界定社會生活。康德「無法產生一個新型的『以來源於自在自為的、理性的意志的目標為根據，因而對人無條件有效』的實質見解來實現這概念。所以康

德的政治理論必須向自然借取內容。其起點是
各自追求目標的個體，道德和理性的要求成為
只是從外面加諸這些個體的約束和限制而已。」
[26]因此，「黑格爾雖以康德為基礎，卻給予這
個自由原則一個全新的轉折。」[27]黑格爾津津
樂道地從這個角度批判康德，也表明了黑格爾
綜合「表現」（expressivism）和「自由」，浪
漫主義和啟蒙運動的宏願。[28]其哲學內涵是從
康德的「心」（Gemüt）到他自己的「精神」
（Geist），其理論歸宿則是「國家的理想主義」。

　　值得注意的是，黑格爾從他獨特的哲學立
場出發對世界歷史進行了深刻的觀察。《法權
哲學》第三篇第三章第三節以凝練的形式提供
了一個世界歷史概要；《歷史哲學講演錄》、
《歷史中的理性》更為人們熟知。我們這裡以
黑格爾在《美學》第一卷談到「一般的世界情
況」時對歷史發表的精湛見解為依據，討論他
對歷史的觀察，並進而引出其市民社會理論。

　　黑格爾將「一般的世界情況」分為三個階
段：（1）個體的獨立自足性即英雄時代；（2）

散文氣味的現代情況；（3）個體獨立自足性的
恢復。

　　所謂個體獨立自足性即英雄時代必須到希
臘人那裡去尋找，因爲在古希臘，個人與社會
的統一還不是發展了的統一；個人在本質上是
個整體，古希臘體現了有限東西和無限東西的
實體性的統一，如同黑格爾所說，「英雄時代
的個性卻是比較理想的。因爲它不滿足於形式
的自由和無限，而是要和心靈關係中全部有實
體性的東西經常結合成直接的統一體。」[29]因
此，英雄時代的特點，是黑格爾所讚賞的社會
成員與社會整體的統一，個人個性和社會共性
的統一。

　　但是，在英雄時代，自我意識還沒有達到
主觀性的抽象，「意志的最後決斷並不屬於自
爲地存在的那種自我意識的主觀性，而是屬於
在這種主觀性之上和之外的一種權力。」[30]「希
臘人是從完全外部的現象—神諭、祭神牲畜的
內臟、鳥的飛翔—中得出最後決斷的。」[31]在
這個意義上，黑格爾把「我要這樣」稱作古代

世界和現代世界的分水嶺。

　　只是在羅馬世界，「美的個體性湮滅」，取而代之的是「法的個人」，倫理生活無限地分裂為私人的自我意識和抽象的普遍性兩個極端，「羅馬世界的精神特點是抽象概念和死板法律的統治，是美和爽朗的道德生活的破滅，作為直接的自然道德發源地的家庭遭到了輕視，個性一般遭到犧牲，完全聽國家政權擺布，只能在服從抽象的法律之中才能見到冰冷的尊嚴和知解力方面的滿足。」[32]即一方面服從法律和國家，同進又堅持個人主觀的自由，兩者出現分離和對立，缺乏精神，也缺乏詩意。

　　關於「散文氣味的現代情況」，黑格爾寫道，「在當前現實中，理想形象的範圍是很狹窄的，因為無論在數量上還是在廣度上，近代個人自作決定的獨立自足性可以自由發揮效用的領域都是很少的。」[33]對此，黑格爾是不滿意的，他要求在更高的層次上恢復個體的獨立自足性，其第一步則表現為對市民社會的辯護、批判和改造。

　　十七、十八世紀以來一些有代表性的政治
思想家，如霍布斯（ T. Hobbes ）、洛克（ J. Locke ）、
盧梭等都把國家與社會混爲一談，又把市民社
會與一般社會相等同。黑格爾的市民社會理論
則以社會和國家的分離爲前提，「如果說康德
是在抽象的觀念上把握和描繪了市民社會，那
麼黑格爾則具體地認識了『市民社會』的巨大
力量和多方面職能。」[34]

　　《法權哲學》的〈市民社會〉一章開首寫
道，「具體的人作爲特殊的人本身就是目的；
作爲各種需要的整體化及必然性與任性的混合
體來說，他是市民社會的一個原則，但是特殊
的人在本質上是同另一些這種特殊性相關的，
服從每一個特殊的人都是透過他人的中介，同
時，也無條件地透過普遍性形式的中介而肯定
自己並得到滿足。這一普遍性的形式是市民社
會的另一原則。」[35]在這裡，黑格爾提出了市
民社會的兩條原則，即普遍性和特殊性，特殊
性是其核心。市民社會中具體的人，作爲「私
人」是獨立的利己的個人。每個人都根據自己

的需要去行動。對普遍性的關心消失了，特殊
性支配著一切，勞動則是需要和外在物的中介，
而需要已不是特定個人的特定需要，成爲「社
會的需要」。因爲需要及滿足的手段、方法與
他人的需要及滿足需要的手段、方法形成了一
種社會關係。黑格爾由此把握到勞動分工的必
要性，在此基礎上又有身分（階層）的區別，
實體性的身分（農業身分）和產業身分（手工
業、工業、商業）和普遍身分（官吏）的區別。
「把特殊性作爲市民社會的原則的黑格爾，是
徹底地從經濟角度，以勞動爲核心來把握『市
民社會』的。」[36]

　　與此同時，黑格爾認爲，只要市民社會把
普遍性作爲原則，它就是法律的社會。因爲特
殊性需有法律依據普遍性的原則來調節和保障
其活動，而法律僅限於保障抽象地適合於任何
人的人格、所有權、契約以及裁判上的權力，
它不過是外部劃定界限，去制約受特殊性原則
支配的個人對需要的追求。因此黑格爾認爲，
市民社會的普遍性和特殊性分離了，兩者之間

只有外在的關係。正是由於這種分離，才使得市民社會中每個人都沉溺於個人的偶然的恣意性和享樂之中，完全爲外在的偶然性支配，於是呈現出「無規律和悲慘」，「生理上和倫理上的蛻化」景象。

　　雖然黑格爾認爲只有進展到國家才能達到真正的理想性，但他在市民社會範圍內也發現克服特殊與普遍分離的因素，由此他分別論述了「教育」、「警察」和「同業公會」。黑格爾把教育分「理論的教育」和「實踐的教育」，並指出後者可以透過勞動而獲得；他賦予「警察」更廣泛的含義，即從全社會成員的利益出發，去監督和禁止個人不侵害他人和公共財物的人就是警察；至於所謂「同業公會」，它是產業身分中依據特殊的技能所形成的團體，同業公會的成員在保護個人利益的同時，也會受到特殊的偶然性的保護，各成員在所屬組織中能夠提高自己的能力，豐富自身的教養。在黑格爾看來，普及同業公會是解決社會問題的關鍵，因爲公民是以行會爲原型的，其中蘊涵著

從同業公會發展到市民社會內部的獨立組織—
工人階級組織的可能性。

　　總括來看，黑格爾把近代市民社會的教養
稱之為「反思的教養或文明」，在這個世界裡，
人的認識和實踐都以反思為依據、準則和模式
的。正因為法權、道德觀念以及種種科學都以
反思的形式發展起來，這樣，近代社會被黑格
爾稱作一個分裂的社會。

　　可以說，無論是在對康德的道德哲學和政
治哲學的批判，還是在克服市民社會的局限性
方面，黑格爾的社會政治理論都對社群主義產
生了重大的影響。這尤其明顯地表現在桑德爾
和泰勒身上。桑德爾對權利優先和個體自主觀
念的批判在很大程度上借鑑了黑格爾對天賦人
權論和社會契約論的批判；泰勒則試圖將黑格
爾主義放到後工業社會的倫理境遇中，闡發其
當代意蘊來為自由找到出路。

註　釋

1. 'In the Shadow of Aristotle and Hegel' 原是 Seyla
   Benhabib 一篇文章的名稱，後用作她和 Fred
   Dallmayr 共同編輯的 *The Communicative Ethics
   Controversy*（Mit. Press: 1990）一書的 Afterword，
   但這一標題用來形容社群主義的理論資源和價值
   祈求似同樣合適。

2. M. Daly（ed.），*Communitarianism: A New Public
   Ethics*, California: Wadsworth, 1994, p.xiii.

3. 儘管黑格爾在《法權哲學》（*Philosophy of Right*,
   1821）中嚴厲地批判了盧梭的《公意說》（*The Theory
   of General Will*），但就對共同體的理想化而言，
   兩人的理論仍有相通之處；從新黑格爾主義角度
   對盧梭的解釋和批評可見鮑桑葵（Bernard
   Bosanquet），《關於國家的哲學理論》，商務印
   書館，一九九五年。並見程煉，〈為國而死〉，
   《學人》第十二輯，南京，一九九七年；關於馬
   克思對盧梭的繼承關係則可參見德拉－沃爾佩學
   派（Della-Volpe School）的著作，特別是 *Rousseau
   and Marx and Other Writings*（Humanities Press:
   1979）和 Lucio Colletti 的 *From Rousseau to Lenin*
   （New York: 1972）.

4. W. A. Dunning, *A History of Political Theories: Ancient and Medieval*, New York: Macmillan, 1902, p.416.

5. 參見汪子嵩等著，《希臘哲學史》第二卷，第四章，北京：人民出版社，一九九三年。

6. 亞里斯多德認為倫理學是最高的應用科學（即政治學）的一部分，實際上這一點對蘇格拉底和柏拉圖同樣適用，只不過在他們那裡，學科的分化尚不明晰。

7. 關於柏拉圖對話的歸屬及對「德性即知識」的討論請見葉秀山，《蘇格拉底及其哲學思想》，北京：人民出版社，一九八六年。

8. 參見苗力田，《尼各馬科倫理學》譯者後記，北京：中國社會科學出版社，一九九○年。

9. 亞里斯多德，《後分析篇》（*Posterior Analytics*）；《政治學》，並見 W. D. Ross, *Aristotle*（Methuen: 1960），p.187.

10. 關於亞里斯多德對柏拉圖繼承關係的討論請見麥金泰爾，《誰之正義，何種合理性》（*Whose Justice? Which Rationality?*, University of Notre Dame Press: 1988）的第六章，這裡從略。

11. A. MacIntyre, *After Virtue*, University of Notre Dame Press, 1984, p.148.

12. See C. W. Gowen, 'Review of After Virtue by Alasdair MacIntyre', *International Philosophical*

　　Quarterly, Vol.xxll. No.3, Sept, 1982, p.216.

13. A. MacIntyre, op. cip., p.101.

14. A. MacIntyre, *After Virtue*, p.103.

15. 苗力田，前揭書，頁一三九~一四〇。

16. 同前註，頁四六~五〇。

17. 同前註，頁四六~五〇。

18. A. MacIntyre, *Whose Justice? Which Rationality?*, p.141.

19. 關於盧梭理論複雜性的闡釋請見卡西勒（E. Cassirer）的著作，《啓蒙哲學》（一九三二年德文版，一九五五年英文版），《盧梭·康德·歌德》（一九四五年英文版），《盧梭的問題》（一九五四年英文版）。

20. 黑格爾，《法權哲學》，北京：商務印書館，一九六一年，頁二二五。

21. 同前註，頁一五。

22. 康德，《歷史理性批判文集》，北京：商務印書館，一九九〇年，頁一〇八。

23. 參見黑格爾，《哲學史講演錄》第四卷，北京：商務印書館，一九七八年，頁二八九。

24. 黑格爾，《法權哲學》，頁三七。

25. 同前註。

26. 泰勒，《黑格爾與現代社會》，台北：聯經出版事業公司，一九九〇年，頁一二四~一二五。

27. 同前註，頁一二三。

28.參見泰勒，《黑格爾與現代社會》及哈多克（B. A. Haddock），《歷史思想導論》第九章，華夏出版社，一九八九年。

29.黑格爾，《美學》第一卷，北京：商務印書館，一九七九年，頁二六七。

30.黑格爾，《法權哲學》，頁三五八。

31.同前註，頁三〇〇。

32.黑格爾，《美學》第二卷，北京：商務印書館，一九七九年，頁二六七。

33.黑格爾，《美學》第一卷，頁二四六。

34.城塚登，〈「市民社會」的思想與現實〉，見氏著《青年馬克思的思想》，頁一四六，求實出版社。

35.黑格爾，《法權哲學》，頁一九七。

36.城塚登，前揭書，頁一四七。

第二章
規範倫理與德性倫理

　　如同新自由主義一樣，社群主義不僅是一種政治哲學或政治理論，而且廣泛地表現在倫理學、法學（如 Robert Unger）乃至經濟學（如 David Miller）等各種不同的人文、社會科學領域。正因如此，有的研究者處心積慮地把新自由主義尤其是羅爾斯所復興的這種研究傳統，稱作「社會倫理學」或「政治倫理學」。實際上，這種學科歸屬上的兩難和迷惑，正是由於研究者們沒有擺脫現代科學的高度分化植根在他們心中的所謂「學科帝國主義」的偏見。如果我們回溯社會科學成長和分化的歷史，[1]並且同情地去了解無論在當代哲學還是社會科學

領域中出現的交叉滲透、溝通對話的情境，就會使這種迷惑去之泰半。

　　從這個意義上看，也許我們可以說，當代社會政治哲學中出現的這種研究路徑是復興了社會研究的偉大傳統，這種傳統在亞里斯多德的實踐科學中得到了最好的體現；海耶克（F. A. Hayek）誇稱的蘇格蘭啓蒙運動（Scottish Enlightenment）的所謂「社會哲學」，麥金泰爾稱作蘇格蘭傳統顛覆者的大衛‧休謨（David Hume）的「人性科學」，亦是這種研究傳統的最好代表。

　　羅爾斯曾經指出，功利主義的批評者們之所以沒有能夠建立一個有效和系統的觀念來反對功利主義，其重要原因即是由於那些偉大的功利主義者，如休謨、亞當‧斯密（Adam Smith）和彌勒（J. S. Mill）都是第一流的社會理論家和經濟學家，「他們確定的道德理論旨在滿足他們更廣泛的興趣和適應一種內容廣泛的體系，而他們的批評者則常站在一種較狹窄的立場上」。[2]如果我們考慮到功利主義和新自由主

義都是社群主義的批判對象，也許會對羅爾斯和社群主義者的理論抱負有一個恰當的了解。

我們說在對社群主義進行傳統的學科歸屬時會發生很大的困難，一個直接的原因是社群主義者在各有專擅的前提下涉獵的範圍相當廣泛。人們一般都把麥金泰爾稱作倫理學家，這當然有充分的理由，《倫理學簡史》（*A Short History of Ethics*, 1966）的歷史主義風格在十九世紀也許並不令人驚奇，但在二十世紀卻不啻空谷足音，此書為麥金泰爾贏得了聲譽，並奠定他在倫理學領域的地位。《德性之後》也許可以被比較恰當地歸屬為倫理學著作，但《第一原理、終極目的和當代哲學問題》（*First Principles, Final Ends and Contemporary Philosophy Issues*, 1990）就有些勉強了，更不用說他還曾對馬克思主義和基督教發表了精湛的見解。也許我們可以說，麥金泰爾的志業在於以倫理學為重心和出發點，對啟蒙運動所代表的現代性謀劃進行了全面的批判，並倡導和弘揚亞里斯多德主義的實踐理性傳統，企圖超越市民社會以

對抗當代社會的道德困境。

一、啓蒙謀劃的失敗

　　如果以對啓蒙主義敘事（narratives）的態度來界分當代社會政治哲學，那麼，如哈伯瑪斯承認的，[3]羅爾斯的新自由主義和批判理論之爭只是家族內部之爭，而社群主義則與後現代主義（post-modernism）即哈伯瑪斯抨擊的所謂「青年保守主義」（young conservatism）有著強烈的親和性。「後現代主義」名稱中「後」（post）的一個重要意涵是「超越」（beyond），後現代主義要超越的現代主義其實是指啓蒙運動以來的理性主義傳統。而麥金泰爾的《德性之後》則用歷史敘事（historical narratives）的方式描述了啓蒙主義的理性主義價值觀的起源和嬗變，並揭示了啓蒙運動的道德合理性論證的失敗。但是，麥金泰爾並不贊成瀰漫於後現代主義思潮中的相對主義精神，他對啓蒙謀劃

的失敗的論證恰恰是從批判充斥在當代道德境遇中的相對主義著手。

有意思的是，羅爾斯《正義論》的一個重要的理論貢獻是突破了自摩爾（G. E. Moore）的直覺主義（intuitionism）到史蒂文森（C. L. Stevenson）的情感主義（emotivism）一直支配英美倫理學界的分析哲學的後設倫理學（meta-ethics)的樊籬(儘管有人把羅爾斯與 W. V. Quine 和 S. Kripke 譽為當代美國分析哲學三大家），轉向所謂規範倫理學（normative-ethics）的探求，而麥金泰爾倡導「德性倫理」則是要糾「規範倫理」之偏，但麥金泰爾對當代道德困境中的「無公度性」（incommensurability）的批判仍然是從對情感主義的抨擊開始的。

在麥金泰爾看來，當代西方道德文化的基本特徵是由情感主義所代表的。情感主義的基本觀點是，道德言辭和道德判斷的運用都只是個人情感和好惡的表達，價值或道德判斷不像事實判斷有真偽之別，道德的一致並無理性的保證，只是靠對那些和我們不一致的人的情感

產生某種效果來保證。例如史蒂文森主張，命題「這是好的」僅大致表示「我贊成這個，並這樣做」。情感主義實際上對道德哲學的全部歷史下了一個判語：一切爲一種客觀的道德提供理性證明的企圖都不能成功。在麥金泰爾看來，以爲能在合理性基礎上逃避情感主義的海爾（R. M. Hare）、羅爾斯、基沃爾思（A. Gewith）均屬此列，尼采（F. Nietzsche）、韋伯（M. Weber）和沙特（J. P. Sartre）也未能例外。

　　麥金泰爾認爲，當代的道德紛爭和衝突有三個顯著特徵，[4]一是對立論據中的概念的不可比性、無公度性，在對立的前提間無法進行評估和衡量，因而帶有很大的私人性和任意性；二是這些論爭沒有一個不是旨在作出一種非個人的合理論證，但實際上，當代道德分歧中的相互衝突的每個意志都是由它自己的某些武斷選擇所決定的；三是在這些爭論中相匹敵的論證，採用不同概念之不可通約的前提，有一種歷史起源意義上的廣闊多樣性。

　　引人注目的是，麥金泰爾抓住第三個特徵，

發揮了他所謂「任何一種道德哲學都要以某種社會學爲前提」的著名論斷，[5]就是說，不論什麼樣的道德哲學主張，如果不搞清楚其體現於社會時的形態，就不可能充分理解它。這也就意味著麥金泰爾並不認爲目前的道德混亂和無序狀態像情感主義所認爲的是某種自古以來就一直存在的情形，毋寧說是從某種道德統一和有序中演變過來的，因此要搞清道德衝突和論爭的實質以面對當代的道德困境，就必須要回溯歷史。也正是從這樣的立場出發，麥金泰爾著重揭示啓蒙運動的道德合理性論證的失敗及其後果，而恰恰是這一失敗應對現代道德理論中的混亂無序狀況負責。

從「自我」（self）和作爲啓蒙主義的出生印記的「現代性」（modernity）的關係來看，麥金泰爾認爲，在前現代的傳統社會中人們是透過不同社群的成員身分來辨認自己和他人的，也就是說，自我的認同是依賴於社群的。沒有在相互聯結的社會關係中的某種獨特的位置，他就什麼也不是，或至少是一個陌生人或

被放逐者。而現代的自我，在爭取自身領域主
權的同時，喪失了由社會身分和把人生視作是
被安排著朝向既定目標的觀點所提供的那些傳
統的規定。

　　十九世紀英國的法理學家和法制史學家梅
因（H. S. Maine）曾說過一句名言，「所有進步
社會的運動，到此處爲止，是一個從身分到契
約的運動。」[6]但在麥金泰爾看來，擺脫了身
分、等級和出身等封建傳統對個人制約的現代
自我的出現，並不是什麼歷史的進步。人們在
慶賀自己獲得掙脫封建等級身分制約的歷史性
勝利同時，並不知道自己已經喪失什麼，這種
喪失就是，人類傳統德生的根基喪失了。自我
可以扮演任何角色，採納任何觀點，進行任何
選擇，但自我本身卻什麼也不是，自我就像羅
素（B. Russell）評論亞里斯多德的實體時所挖
苦的，「是純粹想像中的一個簀子罷了。」[7]

　　這種堪稱不毛之地的「自我」，使得啓蒙
運動的道德哲學家們取消了道德戒律和人性的
任何聯繫，並使得他們走向這樣一種愈來愈無

限制的主張：沒有任何有效論證能從純粹事實性的前提中得出任何道德的或評價性的結論。麥金泰爾正是透過對「是」和「應當」或「事實」（fact）和「價值」（value）的兩分法這一由休謨奠基的現代道德哲學原則，進行了釜底抽薪式的批判，從而使他對啓蒙謀劃失敗的論證達到了相當的理論高度。

　　麥金泰爾認為，聲稱任何道德結論都不可能有根據地從作爲「邏輯上真實」的一組事實前提中，得出這種不受任何限定的、可作爲所有事物依據的普遍性邏輯原則，實際上是假的。麥金泰爾承認，這種主張中也許確實具有某種實質性的東西，「但這種實質性的東西是從一種關於道德規則和道德判斷的特殊概念中產生的—這是一種產生自十八世紀的新概念。」[8] 這種概念之所以有效，是因爲提供這種概念的道德哲學家認爲任何道德論證都不包含功能性概念。但麥金泰爾認爲事實並非如此，「處於古典的亞里斯多德傳統中的道德論證—不論在其古希臘形式中還是在其中世紀形式中—都至

少包含一個功能性概念，即被理解為具有其本質特性和本質目的或功能的人這一概念；並且僅當這種古典傳統在整體上遭到基本否定時，道德論證的特性才被改變，從而落入某種形式的『是』前提中得不出『應當』結論這一原則的範圍之內。」[9]

　　舉例來說，正如「錶」這一概念不可能完全獨立於「好錶」概念而加以限定，「農夫」這一概念不可能完全獨立於「好農夫」而加以限定，「人」這一概念也不可能獨立於「好人」這一概念而加以限定。正如亞里斯多德認為的，「人」和「好的生活」的關係構成了倫理學探討的起點。「只有在把人視為先於和分離於其全部角色的獨立個體時，才可能不再把『人』作為功能性概念。」[10]而只有當人的目的或功能這一重要概念從道德中消失的時候，把道德判斷視作事實判斷才顯得不合理，「這種道德判斷不過是古典一神論實踐的語言倖存物，這種倖存物已喪失了這種實踐提供的背景條件。在當時的背景條件下，道德判斷的形式同時是

假言的和直言的。」[11]就其表達了什麼行爲對一個人的目的是恰當的這種判斷來說，它們是假言的；就其表述了神的命令的普遍法則的內容來說，它們又是直言的。

基於此，麥金泰爾把「從『是』無法推出『應當』這種所謂永恒邏輯真理」視作是極度缺乏歷史意識的象徵。「宣告這種看法的最初宣言本身就是一個至關重要的歷史事件。它既是與古典傳統最後決裂的訊號，又是十八世紀哲學家們在繼承以往的殘缺不全的背景條件中，論證道德和理性的運動徹底失敗的訊號。」[12]

進一步，麥金泰爾論證了這種失敗的某些後果，一方面，從等級制（在韋伯那裡的變體是科層制或官僚制）中釋放出來的道德個體，意識到也被道德哲學家看作在他的道德自律中是至高無上的；另一方面，繼承遺傳下來的道德規範不再作爲根本神聖的法律，而被剝奪了神學的或目的論的特徵，剝奪了作爲一種終極神聖法律之表達的更古老的絕對性。因此，必

須透過發明新的目的（如功利主義）或找到新
的絕對地位（如康德）來驗證它們，但在麥金
泰爾看來，這兩種努力在過去失敗了，並且目
前仍在失敗著。

　　先看功利主義。麥金泰爾認為，一旦我們
理解了快樂和幸福的多形態、多種類的特徵（正
如功利主義從邊沁（J. Bentham），彌勒到西季
維克（H. Sidgwick）的發展所表明的），這兩
個概念對達到功利主義的目的就毫無用處了。
「最大多數人的最大幸福」這一觀念不具有任
何明確內容。「它實際上是具有多種多樣觀念
形式用法的偽概念。」[13]而由於西季維克和彌
勒所表現出的直覺主義，功利主義就把十八世
紀論證道德合理性的運動與二十世紀的情感主
義的衰落聯結在一起了。

　　至於對付在分析哲學中得到復活的康德主
義，麥金泰爾則選取基沃爾思為批判對象，著
重論證「如果擁有某種權利的觀念是人類言行
中能夠被理解的觀念，那麼這一定以存在某種
特殊形式的社會機構或實踐為必然條件。」這

就是說，並不存在抽象的權利，「在缺乏任何
這類社會形式的情況下宣稱自己具有某種權
利，就像在一種沒有貨幣機構的社會中使用支
票付帳一樣可笑。」[14]

　　麥金泰爾認為，權利概念是作為自律道德
行為者這一社會發明的一部分，而功利概念則
是為了完全不同的目的而產生的，但創制這兩
個概念的情境是相同的，都要求以某種人為的
東西替代陳舊的傳統道德概念。「官僚政治個
人主義文化導致了根據權利提出自己主張的個
人主義與按照功利提出要求的官僚政治組織之
間的特有的公開政治論爭。」[15]麥金泰爾的論
證表明了十九世紀中晚期的功利主義和二十世
紀中晚期的分析道德哲學，把啟蒙運動從無法
為自律道德行為者的道德信奉提供一個世俗的
合理證明之困境中挽救出來的企圖，都是不成
功的。

　　那麼，出路何在？麥金泰爾的答案是回到
亞里斯多德的德性學說和實踐理性傳統，而其
第一步則是回溯西方德性傳統的歷史。

二、在德性的廢墟上

　　麥金泰爾把由啟蒙謀劃的失敗所導致的當代社會面臨的道德困境，提到了哈姆雷特問題（to be or not to be）的高度，即我們是要尼采，還是要亞里斯多德？「由於在從十五世紀到十七世紀的過渡時期裡，以亞里斯多德的思想為理智核心的道德傳統被拋棄了，啟蒙時代為道德發現新的合理的世俗基礎運動才不得不著手進行；因為這種運動失敗了，因為被最有才智和力量的倡導者們（其中最具代表性的是康德）所發展的論點，在理性的非難面前不能維持下去，所以尼采和所有其他的存在主義者、情感主義者等等後繼者，才能夠不斷成功地和不斷增長地批判他們之前的所有道德。」[16]麥金泰爾的言外之意是，在整個地追隨啟蒙運動的各種不同思想的抱負及其崩潰瓦解，直到僅剩下尼采式的診斷意見和尼采式的疑難，在此之外，

休謨、康德和彌勒沒有提供任何一種選擇，而以羅爾斯為代表的新自由主義在分析理性的基礎上恢復或重構康德理性主義規範倫理學的企圖，不過是啓蒙運動謀劃之失敗嘗試的最後一次重現。

　　在麥金泰爾看來，新自由主義將人的正當性生活和好的生活人爲地分割開來，使之成爲兩個不可通約的領域。「規則成了道德生活的基本概念。」[17]而「德性是與受到某種高級欲望支配的某些傾向和愛好聯繫在一起的感情。」[18]「所謂基本德性是指按照正當的基本原則行動的強烈而通常是有效的欲望。」[19]但麥金泰爾認爲，無論一種道德規則多麼完備，如果人們不具備良好的德性或品格，就不可能對人的行爲發生作用。這就是說，規範倫理不僅要有合理性的理論基礎，還必須有主體人格的德性基礎。在評論亞里斯多德關於德性與法則的論述時，麥金泰爾寫道，「德性與法則還有另一種非常關鍵的聯繫，因爲只有那些具有正義德性的人才有可能知道怎樣運用法則。」[20]

　　因此，假如爲了理解規則的作用和權威性，我們首先需要注意德性，那麼，我們就必須以完全不同於休謨、狄德羅（Denis Diderot）、康德和彌勒等人所用的方式作爲研究的新起點，這就必須重寫一部德性概念的簡史。的確，重構德性學說的歷史工作在麥金泰爾的學術事業中占有舉足輕重的地位。

　　大致說來，麥金泰爾將德性學說分爲三個階段，用他的話來說，即是從「複數的德性」（virtues 或譯「各類德性」）到「德性」（virtue）和「德性之後」（after virtue）。

　　關於第一階段，即從古希臘羅馬到中世紀，這個時期是所謂「複數的德性」時期，這一時期以亞里斯多德爲代表。麥金泰爾對這種「複數的德性」的解釋分三個層次進行：[21]一是涉及到作爲達到內在於實踐的善所必需的性質之德性；二是把他們考慮爲是有助於（服務於）一種總體的統一的人性之性質；三是把他們聯繫於一種人類理想的追求。這就是說，這一時期的德性是複數的，多種多樣的，如古希臘的

四樞德—智、節、勇、義，以及神學的德性如
謙卑、希望、熱愛等，它們都服務於一個自身
之外的目標，如作爲荷馬史詩中所見的英雄時
代的德性目標即是某一種社會角色，這也是德
性最原始的意義；或者如在亞里斯多德那裡作
爲達到好的生活的手段；或者如《新約》中所
體現的服務於超自然的、神的意義上的完善。
在這裡，麥金泰爾所強調的是，德性有一個支
配性的人生目的，在他看來，沒有一個作爲統
一體的對整個人生目標的支配性觀念，我們對
某些個人德性的觀念就必然是零碎的、片斷的。

　　在第二階段，出現了一種有關德性的新觀
念，即所謂「單數的德性」。單數的德性是指
德性成爲單純道德方面的德性。值得注意的是，
這一過程與「道德」概念的窄化過程是互爲表
裡的。[22]

　　根據麥金泰爾的詞源學考證，如同古希臘
文一樣，拉丁文中本來也沒有可被我們正確地
譯作「道德」的詞彙，「Moral」的詞源是拉丁
文中的「Moralis」，而後者是西塞羅（Marcuns

Tulliuas Cicero）用來翻譯古希臘詞源「êthikos」
的，「êthikos」與「Moralis」的意思是「關於
品格」的。早期英文中的「道德」一詞表示實
踐性訓戒，「在這些早期用法中，『道德的』
既不與『謹慎的』或『自利的』相對照，也不
與『合法的』或『宗教的』相對照。當時與這
一詞彙意義最爲接近的詞可能僅是『實踐的』。」
[23]後來，「道德」的意涵越來越窄，從早期作
爲名詞使用發展到亦可作爲謂詞使用。到十六、
十七世紀，此詞開始具有現代意義。到了十七
世紀晚期，才首次被在最嚴格的意義上使用，
即主要表示與性行爲有關的事物，「不道德」
甚至被人們作爲與「性行爲放蕩」等同的一個
特殊習語。「從一六三〇年到一八五〇年……
『道德』一詞成爲一個特殊領域的名稱，在這
一領域中，既非宗教神學或法律方面的，亦非
美學的行爲規則，被認爲一塊屬於其自身的文
化空間。只是到了十七世紀末和十八世紀，當
道德與宗教神學、法律和美學之間的這種區分
已變成一種被人們默認的學說時，對道德進行

單獨的合理性證明的運動，才不僅被個別思想
家所關心，而且成為整個北歐文化的核心」。[24]

由此反觀「單數的德性」，可謂恰好與「單
數的道德」相映成趣。在這一時期，德性不再
依據於某種別的目的，不再是為了某種別的
「好」而被實踐，而是為了自身的緣故，有自
身的獎賞和自身的動機。這樣，道德實際上就
向非目的論、非實質性的方向發展，「單數的」
或「窄化的」道德所導致的竟是不再有任何共
享的實質性道德觀念，尤其是不再有共享的
「好」的觀念，這真是一種絕妙的反諷。於是，
「單數的德性」的結果竟是——德性只意味著服
從規範，德性概念對道德哲學家與社會道德來
說都變成邊緣的了。這也就是麥金泰爾批判的
啟蒙謀劃的實質。

啟蒙運動對道德合理性論證的失敗，使得
理性的證明暴露出理性本身的弱點，走向技術
性的分析哲學並未使這種情況有所改觀，羅爾
斯的新自由主義、新康德主義、新社會契約論
不過是天鵝的最後一次歌唱。這一切導致了一

個「德性之後」的時代，一個不再有統一的德
性觀、價值觀的時代的來臨。

　　引人注目的是，儘管哈伯瑪斯曾經指責麥
金泰爾在《德性之後》中選擇了作為當代美國
新理性主義倫理學代表的基沃爾思這樣「過於
輕鬆」的論戰對手，沒有把對道德普遍主義的
批判矛頭直接指向羅爾斯、德沃金和阿佩爾
（Karl Otto Apel），[25]但事實上，麥金泰爾還
是在對德性的歷史觀照基礎上，考察了作為一
種政治德性的正義，並批判羅爾斯和諾錫克這
兩種新自由主義中並駕齊驅的正義模式。

　　麥金泰爾重述亞里斯多德的觀點，即認為
正義是政治生活的首要德性，一個對正義概念
沒有實際一致看法的社群，必將缺乏作為政治
社群的必要基礎。若沒有這種共識，就達不到
對道德原則規範的一致認識，不僅會造成對德
性的輕視，而且不能規定各種具體德性，使人
們無所適從。在麥金泰爾看來，當代社會的個
人主義文化使得人們不能產生對正義這一社會
政治生活中最重要的德性共識，羅爾斯和諾錫

克的爭論說明了這一點。

　　麥金泰爾強調，羅爾斯和諾錫克的基本前提和結論是不可通的，互不相容的。人們無法判明是需要優先還是權利優先，因為羅爾斯和諾錫克在指責對方用了無法證明的前提的同時，自己也用了同樣無法證明的另一種前提。

　　但是，麥金泰爾深刻地發現，羅爾斯和諾錫克都把亞里斯多德道德理論中應得（desert）和賞罰的概念排除，都認為不能按道德的功過——道德上的應得賞罰和優劣實施分配正義。他們兩人都堅持一種個人主義的立場，「他們的闡述中都是個人第一，社會第二，而且對個人利益的認定是優先於、並獨立於人們之間的任何道德的或社會的連結結構。」[26]他們的觀點排除了對這樣一個社群的任何闡述，在這個社群內，在追求共有利益的過程中，對社群之共同任務的貢獻，相關的賞罰概念，為有關德性和非正義的判斷提供了基礎。反過來，「應得賞罰的概念只有在這樣一個社群的背景條件下才適用，即該社群的基本連結物是對人的善和社

群的利益（good）兩者有一個共同的理解，個人根據這種善和利益來判定自己的根本利益。」[27]

　　總括來看，麥金泰爾對規範倫理的「自由主義的個人主義」（liberal individualism）傾向是持嚴厲的批判態度。現代自由主義的規範倫理是一種與德性倫理相對應的倫理學類型，麥金泰爾作為德性倫理的倡導者，以一種歷史主義的方式把現代自由主義的道德論證看作是與亞里斯多德主義的道德理論傳統相對立，並進而批評前者的非歷史反傳統的道德立場。「對我們來說，重要的是要記住，建立一種社會秩序形式的謀劃（在這種秩序中，透過借助真正普遍的、不依賴傳統的規範，個人可以將他們從傳統的偶然性和特殊性中解放出來），過去是而且現在還不僅僅是（或主要不是）哲學家的謀劃而已；它過去是，現在依然是現代自由個人主義社會的謀劃，而我們相信不依賴傳統的合理性普遍性之希望的最有說服力的理由，則源自對這種謀劃歷史的一種幻覺。」[28]自由

主義的錯誤恰恰在於運用游離於傳統之外的普遍理性，把自由主義、個人主義的正義性說成全人類的共同理想和所有社會的統一原則。從這個角度來看，對羅爾斯和諾錫克的爭論無法給出一個最後的裁決，因為他們都只是在這個社會的範疇內思考。

引人注目的是，從麥金泰爾理論的新近發展來看，出現了從道德、文化、哲學等思想層面的辯難，轉向對思想賴以產生和存在的土壤（即社會活動關係）的考察，這一種可稱為實踐的社會本體論的傾向，這尤其表現在他對超越市民社會的思考上。

三、市民社會及其超越

西方福利國家的危機和前蘇聯東歐國家機器的崩潰，使得在全球出現了對市民社會的重新籲求，「歷史的終結」的歡呼又使人們思考，是自由主義的終結？還是人類創造歷史的想像

力衰竭？人們不禁要問，市民社會真的不可超
越嗎？

　　我們曾經指出，鑑於黑格爾哲學特殊的命
運，社群主義對黑格爾的援引是十分引人注目
的。我們也曾經提到，馬克思和黑格爾之間的
連續性雖然經過西方馬克思主義的某些重要人
物的張揚，似乎仍然沒有引起足夠的重視。從
這個意義上看，社群主義者對馬克思的援引同
樣是值得引起注意的，而麥金泰爾尤顯突出。

　　在寫於一八四三年並於次年發表的《論猶
太人問題》（*On the Jewish Question*）中，馬克
思引用法國〈一七九三年憲法〉，認爲與公民
權相區別的人權，不過就是自由、平等、安全
和財產的權利，其實質不過是抽象形式性的私
有財產權，確保利己主義的人權。市民社會就
是建立在這樣的人權之上，作爲政治共同體的
國家是維護這種人權的手段。能表現市民社會
中人類關係的那些中心概念就是功利、契約和
權利，而市民社會的道德、政治哲學就在這些
概念及其運用上爭辯不休。

　　《論猶太人問題》還提出了對馬克思的政
治理論至關重要的區分政治革命、政治解放與
社會革命、人類解放的思想。「政治革命把市
民生活分成幾個組成部分，但對這些組成部分
本身並沒有實行革命和進行批判。」[29]；「只
有當現實的人同時是抽象的公民，並且作為個
人，在自己的經驗生活、自己的勞動、自己的
個人關係中間，成為類存在物的時候，並且當
人認識到自己的『原有力量』並把這種力量組
織成為社會力量，因而不再把社會力量當作政
治力量跟自己分開的時候，只有到那個時候，
人類解放才能完成。」[30]這就是說，只有當個
人在市民社會中原子式的獨立存在與公民在國
家中的抽象存在之間的裂縫得以彌補時，猶太
人，事實上也就是全人類的社會解放才能實現。

　　　顯然，在《論猶太人問題》中，馬克思已
經提出了超越市民社會的要求，而一八四四年
寫成的《關於費爾巴哈的提綱》（The Theses on
Feverbach）就是試圖依據對社會存在物（社會
的人）的解釋，超越市民社會的立場，擺脫僅

僅局限於探討市民社會的本性，它與國家、法律和宗教關係的解釋框架，並對市民社會的批判者們進行批判。

　　可以說，麥金泰爾對馬克思主義的態度似乎有一個曲折的堪稱爲否定之否定的變化過程。

　　在其早年對馬克思主義和基督教進行比較研究時，麥金泰爾曾經認爲，在其他思潮失去對人之生存的全面性闡釋能力時，馬克思主義對人生本質的闡述卻有著理想—目的論的色彩。

　　在《德性之後》中，在回應那些「認爲我們時代中最重要的思想對立是自由個人主義與某種馬克思主義和新馬克思主義的思想對立」的批評者時，麥金泰爾似乎對馬克思主義作了比較消極的評價。這主要是針對那種「主張人類自主性這一觀念可以透過馬克思主義，從它原有的個人主義原則中挽救出來，並且在論證一種可能有的社群形式的背景條件中恢復過來」的見解，在這種觀點的倡導者看來，如馬

克思設想的，在這種社群中，異化已被克服，
摒棄虛假意識，實現了平等和博愛的價值。

　　麥金泰爾從兩個方面回答這種批評。首先，
「馬克思主義對一種道德上鮮明立場的要求又
遭到馬克思主義自身的道德歷史的破壞……馬
克思主義總是退回到相對來說某種直接的康德
主義或功利主義的形式中去。」[31]對於馬克思
提出的「自由人聯合體」的未來社會構想，麥
金泰爾認為馬克思並沒有告訴我們自由的個人
在什麼基礎上進入他與其他人的自由聯合之
中，「抽象的道德原則和功利事實上就是馬克
思主義所訴諸的聯合原則，而且馬克思主義者
在實踐中正好體現了他們斥之為意識形態的那
種道德態度。」[32]；其次，雖然馬克思主義的
社會主義洋溢著深刻的樂觀主義精神，但馬克
思主義者在與權力靠攏的時候，總有成為韋伯
主義者的傾向；而且，「如果發達的資本主義
的道德貧困是這麼多馬克思主義者一致認為的
樣子，那麼未來的資源從何而來？……如果馬
克思主義不變成韋伯式社會民主制或者殘酷的

獨裁制，它就會成爲尼采式的幻想。」[33]盧卡奇的理想無產者和列寧主義理想的革命者，就是馬克思主義創造的「超人」（ubermensch）。

因此，麥金泰爾認爲，由於找不到任何可以忍受的政治、經濟結構的替代物來代替先進的資本主義結構，有深刻的樂觀主義精神的馬克思主義者又會成爲與馬克思主義傳統相悖的悲觀主義者。「我不僅認爲，馬克思主義作爲一種政治傳統已經山窮水盡……這並不意謂著馬克思主義將不再是關於現代社會思想的最豐富源泉之一……但我相信，我們文化內的其它所有政治傳統也都面臨著這樣的困境。」[34]

值得注意的是，一九九四年，麥金泰爾發表了〈關於費爾巴哈的提綱：一條沒有採取的道路〉（The Theses on Feuerbach: A Road not Taken）一文，重提被恩格斯（F. Engles）譽爲「包含新世界觀天才萌芽的第一個文獻」的馬克思的《關於費爾巴哈的提綱》，認爲馬克思在該提綱中提出的實踐和社會關係的思想，是克服市民社會的有力武器。

　　似乎是效仿馬克思「批判的武器不能代替
武器的批判，物質力量只能用物質力量去摧毀」
這一名言的語式，麥金泰爾指出，市民社會僅
僅借助理論是不能克服的，它只能被一種特殊
的實踐所克服。但是，麥金泰爾認為，《關於
費爾巴哈的提綱》第十一條所謂「哲學家們只
是用不同的方式解釋世界，問題在於改變世
界」，並沒有讓哲學家們放棄去解釋世界的企
圖，而是告訴他們，指導他們解釋世界的企圖
後面，還有一個特定目的的實現。這一目的就
是馬克思《提綱》第一條所謂「對象性的
（gegenständliche）活動」。[35]正是這種對象性
的活動，使得從事活動的個體具有了實現某種
普遍性的性格。與其他這類個體合作的每個個
體的實現都既是目的本身的，又是他自己的目
的。這種特徵的實踐與市民社會的實踐生活形
成了鮮明的對照。這是由於在由市民社會的規
範所主宰的活動中，除了被理解成某一特殊的
個體目標外，並不存在什麼目的。市民社會把
共同的善認作是從各種各樣的個體所努力滿足

其欲望時所追求的「善」中提煉、建立起來的，
因此其基礎並不牢固。

　　在麥金泰爾看來，馬克思所謂實踐活動的
類型，都是先於和獨立於偶然去從事這些活動
之特殊個人的欲望而得到其規定性。而且，內
在於和專對這一特殊實踐類型而言的善可以透
過參與而使活動者起初的欲望發生改變，這就
是《提綱》中所謂「環境的改變和人的活動或
自我改變的一致。」由此，麥金泰爾指責把個
體看作與其社會關係截然有別和彼此分離的見
解，「不只是一個理論錯誤，而且是一種錯誤
理論。」[36]麥金泰爾認為，要克服在市民社會
秩序中由於普遍喪失對自己和自身社會關係的
正確理解而造成的宗教和哲學的幻象，只能選
擇馬克思所說的實踐形式。

　　有意思的是，麥金泰爾實際上是用他自己
理解的實踐概念去解釋馬克思的實踐概念的，
「我賦予『實踐』的意思是：透過任何一種連
貫的、複雜的、有著社會穩定性的人類協作活
動方式，在力圖達到那些卓越的標準—這些標

準既適合某種特定的活動方式，也對這種活動
方式具有部分決定性—的過程中，這種活動方
式的內在利益就可以獲得，其結果是，與這種
活動追求不可分離的，為實現卓越的人的力量，
以及人的目的和利益的觀念都系統地擴展了。」
[37]

　　總的來說，在麥金泰爾看來，只有在歷史
發展的實踐的特定類型和結構中，道德和其它
評價標準的客觀性的總和才能得到恰當的說
明。在這種實踐活動中，參與者們的最初旨趣，
透過他們的活動就轉變成符合這些實踐所要求
的「善」標準的利益了，每個參與者的旨趣成
為這一客觀實踐本身的要求，內在於這些實踐
的善就可以得到實現。如同在啟蒙主義對道德
合理性的論證中，德性概念對道德哲學家和社
會道德都漸漸變成邊緣的，上述麥金泰爾認為
馬克思和他理想中的實踐類型，都是被資本主
義典型的自我擴張和自我保護態度與活動所排
擠、社會邊緣化，它們與市民社會的立場格格
不入，是一種反對和掘墓力量。「只有在這樣

的實踐中和透過這類實踐，市民社會的立場才
能被超越。」[38]

　　麥金泰爾的道德社群主義主張的實質內涵
是超出現代性範疇，回到亞里斯多德的德性倫
理傳統，在那裡，各種德性，包括作為政治德
性的正義是與一種人生支配性目標聯繫在一
起，這一支配性目標能夠使得個人的價值和社
群的價值融為一體。儘管麥金泰爾認為在一個
沒有城邦的世界裡，亞里斯多德的德性倫理的
基本方面仍然是正確的，但傳統與現代如何結
合？社群的價值究竟應該如何評價？分配正義
是否應引入「應得」的因素？人們的共識應當
僅限於政治的正義觀，還是應進一步建立統一
的價值觀？如果我們考慮到新自由主義的晚近
形態即羅爾斯的《政治自由主義》以及批判理
論在哈伯瑪斯那裡的發展，就會發現在當代社
會政治哲學中對立和共識並存，而上述問題也
都有待進一步探究。

註　釋

1. 參見沃倫斯坦（I. Wallerstein）等，《開放社會科學》（*Open the Social Sciences*），北京：三聯書店，一九九七年。

2. J. Rawls, *A Theory of Justice*, Harvard University Press, 1971, pp. vii-viii.

3. J. Habermas, 'Reconciliation through the Public Use of Reason: Remarks on John Rawls's Political Liberalism', *The Journal of Philosophy*, Vol.xcll, No.3, 1995.

4. A. MacIntyre, *After Virtue*, University of Notre Dame Press, 1984, p.810，譯文參見北京：中國社會科學出版社，一九九五年中譯本。

5. Ibid., p.23.

6. 梅因，《古代法》，北京：商務印書館，一九五九年，頁九七。

7. 羅素，《西方哲學史》上卷，北京：商務印書館，一九六三年，頁二六〇。

8. A. MacIntyre, op. cip., p.57.

9. Ibid., p.58.

10. Ibid., p.59.

11. Ibid., p.60.

12.Ibid., p.59.

13.Ibid., p.64.

14.Ibid., p.67.

15.Ibid., p.71.

16.Ibid., p.117.

17.Ibid., p.119.

18.J. Rawls, op. cip., p.192.

19.Ibid., p.436.

20.Ibid., p.152.

21.A. MacIntyre, op. cip., p.273.

22.就我閱讀範圍，似並未見到麥金泰爾把這兩者聯
　繫在一起討論，毋寧說，這是筆者自己的一種讀
　解，姑誌於此，以備識者指正。

23.A. MacIntyre, op. cip., p.38.

24.Ibid., p.39.

25.See P. Dews（ed.）, *Autonomy and Solidarity: Interview with Jürgen Habermas*, New York, 1992, pp.247-8.

26.A. MacIntyre, op. cip., p.250.

27.Ibid.

28.A. MacIntyre, *Whose Justice? Which Rationality?*, University of Notre Dame Press, 1988, p.335.

29.馬克思，〈論猶太人問題〉，《馬克思恩格斯全
　集》第一卷，北京：人民出版社，一九五六年，
　頁四四二。

30.同前註。

31.A. MacIntyre, *After Virtue*, p.261.

32.Ibid., p.262.

33.Ibid.

34.Ibid., p.187.

35.See A. MacIntyre, 'The Theses on Feuerbach: A Road not Taken', C.C. Gould and R.S. Cohen（eds.）, *Artifacts, Representations and Social Practice*, Kluwer Academic Publishers, 1994, pp.277-90.

36.Ibid.

37.A. MacIntyre, *After Virtue*.

38.A. MacIntyre, *Artifacts, Representations and Social Practice*, op. cip.

第三章
權利自由主義的批判

　　如果說麥金泰爾以所謂史拓論的方式為社群主義對自由主義（包括新自由主義）的批判進行歷史和語言學的奠基，並歸宗於受到亞里斯多德主義強烈影響的「歷史的傳統限制的實踐理性觀」（historical tradition-bound conception of practical rationalities），那麼，桑德爾則更多地借鑑於黑格爾主義和後現象學的哲學資源，並將其矛頭直指新自由主義的重鎮羅爾斯的《正義論》，在其《自由主義與正義的局限》中對個體自主和權利優先的觀點進行了系統、深刻、極富思辨性的批判，其影響之大，使得出身牛津、現任教於哈佛政府系的桑德爾，在美國政

治哲學界的地位正如日中天，連羅爾斯本人亦
承認，在《正義論》受到的批評中，桑德爾的
觀點是最爲重要的，並在其近著《政治自由主
義》中把桑德爾的理論作爲他「選擇性回應」
的對象。[1]

一、「占有性的自我」還是「構成性的自我」

　　桑德爾把他在《自由主義和正義的局限》
中所批判的自由主義稱作「義務論的自由主義」
（deontological liberalism；台灣有人譯爲「本
務論的自由主義」），這種以正義、公平和個
人權利爲核心的自由主義的哲學基礎主要是由
康德建立起來的。桑德爾贊同德沃金，把這種
自由主義的核心命題表達如下：[2]社會是由許
多個人組成的，每個人都有自己的目標、利益
和善的觀念，只有當這個社會被其本身並不預
設某種特殊善的觀念原則所支配時，這個社會

才能得到最好的安排。要證明這些調節原則是
正當的東西，首先不是它們能使社會福利最大
化或能夠增進善，而是它們符合正當（right）
的概念，[3]後者係獨立於善，而且是事先既定
的道德範疇。

義務論自由主義的要害是正義優先。在桑
德爾看來，正義優先可以有兩種互不相同但又
相互聯繫的解釋。[4]第一種是道德意義上的解
釋。正義之所以優先，是因為正義的要求壓倒
了其他道德的和政治的關切，這是一種與後果
論（consequentialism）相對的義務論；第二種方
法即是義務論意義上的方式，正義優先不僅涉
及道德，還涉及道德的基礎，即涉及道德法則
導出的方式。這種解釋要求正義的優先是獨立
於任何特定的善的觀念而被導出。這是一種與
目的論（teleology）相對的義務論。洛克和彌
勒是前一種解釋的代表，康德則是後一種方式
的代表。康德的獨立於經驗、先於其目的而被
給予的主體概念是建立義務論自由主義的關
鍵。

　　桑德爾指出，儘管羅爾斯在表面上摒棄了
康德的先驗自我或形而上學的主體，但卻秉承
了康德實踐哲學的理論形式，即為社會確立一
種普遍的正義原則。但在桑德爾看來，既然羅
爾斯摒棄了康德的先驗唯心論，便只能將其正
義論建立在經驗基礎上。桑德爾尖銳地指出，
羅爾斯此舉是想賦予義務論以休謨主義的面
目；但其面臨的兩難選擇卻是，要麼休謨面目
的義務論不復為義務論，要麼羅爾斯在《正義
論》中的努力是在重塑他本已摒棄的虛無飄渺
的主體。

　　《自由主義與正義的局限》探討了正義與
道德主體，占有（possession）、應得與分配正
義，契約理論和證明以及正義和善這樣四組問
題。但其核心是反駁羅爾斯的主體、個人或自
我的概念。

　　桑德爾認為，羅爾斯是用其原初狀態
（original position）來取代康德的先驗唯心論
的。用羅爾斯自己的話來說，原初狀態中各方
的選擇是對康德的自律和絕對命令觀念的一個

程序性解釋。[5]但在桑德爾看來，原初狀態的
假設容易遭到兩類反駁：[6]一是原初狀態無法
與實際的需求相分離，即是說，正義原則是以
原始的善爲前提，而這些原始的善並非如羅爾
斯聲稱是全人類共享的觀念，而是植根於近代
西方自由主義所理解的人的自利性中；二是原
初狀態太脫離人類環境，以致其中的各方不可
能具有選擇正義原則的動機。

　　在看桑德爾的批評之前，應先了解羅爾斯
的觀點。羅爾斯在《正義論》中重建了休謨在
《人性論》（*A Treatise of Human Nature*, 1739-
1740）中提出的關於「正義的環境」的理論。
羅爾斯認爲，正義的環境是：彼此相互冷淡
（mutual disinterestedness）的各方在中等匱乏
的條件下對社會提出相互衝突的要求。除非這
些條件成立，否則就不會有正義這種德性的發
生。這樣一來，羅爾斯對原初狀態做了經驗的
理解，也就不能保證正義的絕對優先性。

　　在桑德爾看來，如果羅爾斯要建立他所聲
稱的定言意義上的正義優先，他不僅應當表明

正義的環境在一切社會中都是頭等重要的，而且還要表明，其重要性達到這樣的程度—正義之德性比其它德性更爲充分和廣泛地得到保證。但經驗的解釋卻無法提供這樣的保證。正義之爲社會制度的首要德性，並非如真理是思想的首要德性那樣絕對和自明，而是如「軀體的勇敢相對於戰場」，是有條件的。[7]

進一步言，桑德爾以應得（desert）概念爲主題，以「占有性的主體」（a subject of possession）這一近代自由主義傳統的核心概念爲背景，[8]批判了羅爾斯的差別原則（difference principle）。

羅爾斯的差別原則主要是爲反對功利主義只關心社會福利之最大化而不關心怎樣在個體之間進行分配的傾向而提出的，但恰好是這一部分成了其正義兩原則中最易遭到攻擊的部分；在一定意義上可以說，諾錫克的《無政府、國家與烏托邦》一書就是爲了反對差別原則而作的。有意思的是，諾錫克的這種反駁竟也引起了作爲社群主義者的桑德爾的共鳴。桑德爾在超越諾錫克的基礎上，相對於羅爾斯的「占

有性的自我觀」，提出了「構成性的自我觀」
（a constitutive conception of the self），也稱作「互
為主體的自我觀」（an intersubjective conception
of the self）和「內部主體的自我觀」（an intrasubjective
conception of the self）。

　　羅爾斯為了確證差別原則從而實現他所理
想的分配的正義，不僅認為由歷史和社會運氣
所帶來的利益和財富屬於重新分配之列，而且
由天賦所造成的利益也在重新分配之列。這就
是羅爾斯所謂「天賦並非私有財產而是公共財
產」的著名論點，於是，個人對運用他們的天
賦才能而帶來的利益和財富並無提出特殊要求
的道德權利。這樣一來，個人不僅和社會和歷
史的屬性脫離開來，而且和其自然屬性亦剝離
開來了。桑德爾把這叫做「徹底地脫離肉體的
主體」（a radically disembodied subject），一種
「徹底地脫離肉體的主體」和一種「徹底地情
境化的主體」（a radically situated subject）正
相對，[9]而這樣的主體是不能作出理性選擇的。
　　這一點也影響到羅爾斯所謂契約式證明的

性質。由於在無知之幕的籠罩下原初狀態中的
各方實質上是無差別的，使得事實上他們不僅
是處於類似的狀態而且是同樣的狀態中。因此，
從邏輯上說，原初狀態中實際上只有一個人。
因而同意只是單個人的行為，即承認某種東西
的合法性或有效性，因此，充其量只是一種隱
喻意義上的同意。用桑德爾的話來說，在原初
狀態中，正義的原則不是被選擇而是被發現的。[10]

　　從應得的角度來看差別原則，桑德爾援引
了諾錫克的批評來論證羅爾斯只有依賴於一種
相當不同的主體或自我概念，才能使其正義原
則得以成立。

　　諾錫克在反駁羅爾斯的差別原則時指出，
把天賦視作集體財產的觀點是與義務論自由主
義所強調的個人權利不可侵犯相矛盾的，是對
康德道德理論的不恰當重建，因為將個人屬性
或才能用作別人福利的工具，是違反康德所謂
「人永遠只能作為目的，任何時候都不能當作
手段」的道德律令。諾錫克認為，一旦把人與
其天賦、資產、能力和特徵分離開來，是否還

能有統一的人格觀念保留下來就大成問題了，
「爲什麼擁有種種複雜特徵的我們，要讚賞如
此純化的人呢？只有他們才不被看作手段嗎？
這些問題也都是不清楚的。」[11]在諾錫克看來，
如天賦這樣的「資產」在分配上的任意性並不
會削弱應得的基礎，「應得的根據本身不必從
頭到尾都是應得的。……不管人們的自然資質
從道德觀點看是否是任意的，人們對其自然資
質是有權利，對來自其自然資質的東西也是有
權利的。」[12]

　　桑德爾認爲，諾錫克對羅爾斯差別原則的
批判在一定意義上取得了成功。這是因爲，羅
爾斯一方面把自我理解爲占有性的，「自我的
占有方面意味著我絕不能完全是由我的屬性組
成的」。[13]沒有在自我和占有的對象之間作些
區分，就將永遠不能區分什麼是「我」（me）
和什麼是「我的」（mine），這將會使自我徹底
情境化。「一種徹底情境化的自我是一種不適
當的人的概念，就正如徹底地隱含在存在著的
價值（existing values）中的評價標準是一種不

適當的正義概念。」[14]另一方面，羅爾斯為了
貫徹義務論的正義優先原則，必須將自我理解
作先行個別化的主體（an antecedently individnated
subject），整個自我的界限是先於經驗被確定
下來的。「作為義務論的自我，我必須是這樣
的自我，這就是，其同一性是獨立於我所擁有
的事物，獨立於我的利益目標和我對他人的關
係而被給定的。」[15]這一點尤其明顯地表現在
羅爾斯從天賦是公共財產的角度對差別原則的
辯護中，這就使羅爾斯把自我看作是與其屬性
（包括天賦）相分離的主體，重新陷入了他一
開始就試圖避免的康德之先驗的或非肉體化的
主體概念。諾錫克稱這主體或自我是「純化的」
（purified），桑德爾則認為這種主體是被剝奪
「可經驗地識別的特徵」（emprirically-identifiable
characteristic）的。

　　但在桑德爾看來，有另一種方式使羅爾斯
能夠回應諾錫克的挑戰，捍衛其差別原則。在
一定意義上，這種方式也是羅爾斯本人暗示過
的，桑德爾對這一點的論證如下：[16]羅爾斯的

義務論自由主義要否認諾錫克對差別原則把
「我」作為他人的工具的指控，不能靠聲稱是
我的資產（包括天賦）而不是人格被用作他人
的工具，而應當追問那些共享「我的」資產的
「他人」能否被恰當地稱作他人。如果說，羅
爾斯的方式是強調自我和其屬性的差別，那麼，
桑德爾則強調對自我和他人的區分加以限制，
這種限制使得在一定的道德環境中，對自我的
相關描述要比單個經驗上個別化的人的概念包
含更多。也就是說，這種方式使得共同資產的
概念與占有的共同主體的概念之可能性聯結在
一起。「占有性的主體」應是「我們」（we）
而不是「我」（Ⅰ），桑德爾把這種自我稱作「互
為主體的自我」和「內部主體的自我」。

　　應該說，桑德爾對羅爾斯的「占有性的自
我觀」的批判是深刻而又富有思辨性的。但是，
儘管有人認為《自由主義和正義的局限》是對
羅爾斯理論的最全面、徹底的批判，[17]也儘管桑
德爾的批判是重要的、有力的，但它並不是決
定性的，當羅爾斯的論證依賴於不確定的基礎

時，桑德爾的分析預設本身也並非無懈可擊。[18]

　　首先，說「我的社會語境」構成了「我的同一性」似乎是一種誇張。十分明顯，「我」是能夠和社群保持一致的，能夠透過在社群中的位置對「我」進行認定。但這並不意味著「我的語境」就完全定義了「我是誰」。最大限度只能說，自我是部分地由它的語境及其目標或目的構成的，除此之外，個人自身也能參與到對他的同一性的規定中去。但是，一旦承認由其目標構成的自我（如羅爾斯設想的那樣）也是能夠重構的，則桑德爾自己的觀點就將很難與羅爾斯的觀點區分開來。

　　其次，桑德爾從來沒有表明為什麼自我必須政治地構造或創造。說「自我的同一性」是經驗的產物，這也許是對的，但這並不意味著自我必然是政治經驗的產物。無疑，我們在其中生長的許多社群都會帶有某種政治承諾，自由主義的政治論證所要求的就是我們將這些承諾放在一起，這一點確實是自由主義的精髓，但採取這樣的觀點並不要求我們信奉某種關於

人格同一性或自我本性的不合理論題。

最後，桑德爾關於「道德推理的目標不是判斷而是理解或自我發現」的主張也是不盡合理的。固然，我們能夠問「我是誰」這樣的問題，但自我發現並不能代替關於我如何度過一生的判斷，或者使我不再提出「我應當怎麼樣」、「我該如何行動」這樣的問題。在自由主義看來，人性是非常複雜的，不可能滿足於一種社會秩序，不管這種秩序所具有的各種關係的性質有多麼豐富，個人仍有權利選擇他們希望加入的社群，與其說一個良好的社會本身體現了社群的因素，不如說提供了一種各類社群都可以有其安身立命之地的環境。[19]這就要求我們進一步對不同的社群觀進行考察。

二、三種不同的社群觀

正如桑德爾認識到的，說羅爾斯堅持一種「占有性的自我觀」，並不意味著羅爾斯的理

論是狹隘的個人主義學說，因爲羅爾斯一方面
對自我的「占有性」作了獨特的理解，即認爲
自我的占有性在於「我」絕不能完全是由「我」
的屬性組成的，另一方面認爲自我的同一性是
獨立於我所擁有的事物，獨立於我的利益、目
的及和他人的關係而被給定的，羅爾斯並認爲
這種先行個別化的概念承諾了一種義務論意義
上的自我，從而突破了如麥克弗森（C. B.
Macpherson）所揭示的「占有性個人主義」對
個人或自我的狹隘理解，後者基於「這樣一個
概念，即個人本質上是其人格或能力的所有者，
而不將它們歸屬於社會」，[20]而且由於與經典
的「占有性個人主義」對社會社群的消極理解
（這種理解在當代的典型表現即是諾錫克的「最
小國家理論」）不同，羅爾斯從正面探討了社
群或社會聯合的積極意義。

　　羅爾斯認爲，雖然「正義即公平」具有個
人主義的特點，正義兩原則卻提供著估價現有
制度和它們所產生的欲望和追求的阿基米德支
點（Archimedean Point）。進而言之，「正義

即公平」並不把私有社會當作理想的社會加以辯護,也不預設自私自利的或利己主義的動機,這就意味著,「正義即公平」並不排斥社群的價值,「雖然正義即公平理論首先是把原初狀態中的人當作一個個的人來對待,但這並不妨礙對足以把一批人結合在一起的高級道德情感作出說明。」[21]而由於歸屬給原初狀態中的各方動機,既不反映社會中流行的實際動機,也不直接決定在一個秩序良好的社會(a well ordered society)中人們的動機,因此,「對於為什麼秩序良好的社會中人們的目的先定地是個人主義的就沒有什麼隨隨便便的理由」。[22]只要能算作是「先於其目的被給定的,先行的個別化主體的利益」,價值和善的觀念都是對羅爾斯式的自我開放。這就是說,如同個人會追求其他價值一樣,社群的價值也會在一個由正義兩原則統治的社會中存在並得到培育。

在羅爾斯看來,一旦把「正義即公平」中的個人主義看作是與先行個別化的主體(而不是欲望的對象)相一致,就能夠使他的理論不

必依賴於人的動機的特定假設，而傳統的自由
主義恰恰是把人在本質上是利己主義或自私自
利的假設，當作他們的理論前提。不必依賴動
機或善的觀念而推演出主義的理論是義務論自
由主義的本質內涵。羅爾斯認為，「正義即公
平」作為義務論的個人主義、自由主義比傳統
的個人主義及自由主義，將能建立更加完善的
社群理論。

　　在《正義論》第七十九節，羅爾斯專門討
論社會聯合（social union）的觀念，羅爾斯認
為，以衝突和利益一致為典型特徵的社會，可
以有兩種解釋方式，一種即是正義理論的方式；
另一種則是私有社會或市民正義的模式。在後
一種模式看來，制度只是滿足私人目標的工具
和手段，其本身是沒有任何價值的，公共活動
不是一種善而是某種負擔，「私有社會不是由
一種公共的信念（即相信它的基本結構本身是
公正和善的）支持著，而是由每個人或多人維
護這個系統的謀算支持著的，這種謀算就是，
任何實際的變化都會減少他們賴以實現他們個

人目標手段的總和。」[23]

正義理論則贊同德國近代著名自由主義政治思想家洪堡（W. V. Humboldt）的看法，認為正是透過建立在社會成員們需要和潛在性基礎上的社會聯合，每個人才能分享其他人表現出來的天賦才能總和。「我們達到了一種人類社群的概念，這個社群的成員們彼此從自由制度激發的美德和個性中得到享受；同時他們承認每一個人的善是人類完整活動的因素之一，而這種活動的整個系統是大家都贊成的，並且會給每個人帶來快樂。」[24]在羅爾斯看來，一個組織良好的社會自身就是一個社會聯合形式，而且，它還是諸種社會聯合的社會聯合，這種社會聯合具有兩個特徵：成功地實行公正制度是所有成員共有的最終目的；同時，這些制度形式自身被人們看作善。

十分明顯，羅爾斯關於社會聯合的觀念一方面仍然忠於自由主義的基本理念，社會公共制度的更大計劃並不確定一種支配性的目的，但公正制度為不同的社群內部生活留下了餘地

並鼓勵這種生活；另一方面，羅爾斯又把他理想的社會聯合與私有社會、市民社會那種對社會交往純粹工具主義的「淺薄的理解」區別開來，「康德式解釋使我們能夠說每個人堅持公正制度的行爲是爲著所有人的善的」，[25]因此，正義的社會實現本身就是社群的一種價值。

針對羅爾斯的這種區分，桑德爾在《自由主義與正義的局限》一書中專闢一節批判了羅爾斯社會聯合的觀念。

在桑德爾看來，羅爾斯所指對社會的兩種解釋都是個人主義的，只不過兩者達到個人主義的方式不同。工具主義的解釋之所以是個人主義，在於合作的主體是完全由自利的動機支配，而社群的善只是個人在追求利己的目標時從社會合作中獲得的好處；羅爾斯的解釋之所以是個人主義的，原因在於它假定了合作主體的先行個別化，他的實踐動機既可以包括利己的亦可以包括仁愛的目標，因此，羅爾斯意義上的社群的善不只在於社會合作的直接好處，還在於動機的質量以及伴隨著社會合作，並在

這一過程中得到增進的情感聯繫。「在第一種解釋意義上的社群是完全外在於組成這種社群的個人和目標，羅爾斯眼中的社群是部分內在於主體的」[26]與工具主義的社群觀相對，桑德爾把羅爾斯的社群觀稱作為「情感主義解釋」。

桑德爾尖銳地指出，無論工具主義還是情感主義的解釋，都無法產生羅爾斯希望的那種關於社群的強理論（the strong theory of community），這是因為，兩種解釋都要求一種既不把某些人當作別人目標的手段，又不陷入一種徹底情境化的主體觀，但無論工具主義還是情感主義的解釋，都無法提供這樣一種主體觀。

與羅爾斯相對，桑德爾建議想像一種比情感主義解釋更能徹底穿透自我的社群觀。就這種社群能在參與者的目標和價值中表明和展開的意義而言，是與羅爾斯的觀點相類似的；但就這種社群不但描述情感且描述部分構成行為者的同一性自我理解的模式而言，它又與羅爾斯的觀點不同。在這種社群的強理論看來，「說一個社會的成員是受社群的情感約束（不只是

說他們大多數承認社群情感，追求社群的目
標），毋寧說他們以爲他們的同一性（主體而
不是他們的情感和願望的對象）在某種程度上
是由作爲社群其中一分子的他們來定義的。」[27]
對這種意義上的主體而言，社群描述的不是他
們作爲同類的公民擁有什麼，而是他們是什麼；
不是他們選擇的關係，而是他們發現的忠誠和
情感；不是他們的同一性屬性，而是他們的同
一性構成。與工具主義和情感主義相對，桑德
爾把這種社群觀稱作是構成性的觀點。

　　桑德爾注意到，儘管羅爾斯拒斥構成性的
社群觀及其要求的構成性的自我觀，但他的論
述有時似乎超出了情感性解釋的範圍，並且默
認他的正義論的內在融貫最終依賴於他一開始
拒絕的互爲主體的向度。但由於羅爾斯的這些
段落和表述經常是以隱喻的方式暗示，因此很
難弄清羅爾斯會在何種程度上嚴肅地對待這些
互爲主體的向度。比如，天賦有時被描述成「共
同的」（common）；有時被描述成「集體的」
（collective）以及「分擔彼此的命運」（share one

another's fate）；後來又被重新描述為「相互性」
（reciprocity）和「互利」（mutual benefit）的
原則。

但在桑德爾看來，正如情感性社群觀和構
成性社群觀的區別所表現的，強理論社群的道
德語彙不可能在所有場合都被建基於個人主義
上的觀點獲得。比如「社群」不可能完全等同
地翻譯成「聯合」（association），對「連結」
（attachment）和「關係」（relationship）、「參
與」（participation）和「合作」（co-operation）、
「共同」和「集體」來說，同樣存在這個問題。
「羅爾斯『多元優先於統一』的論證也許通常能
夠適用於前者，但不必然能夠適用於後者」。[28]

所有這一切都是肇因於羅爾斯的個人主義
解釋，蓋他把主體的界限視作先行規定，並且
最終是不變的。對這種義務論的前提不可能達
致「主體參與到其同一性的構成中」的「構成
性的自我觀」論證如下。

主體要在形成它的同一性輪廓中扮演一個
角色，就必須要求具有一定的反思能力，光有

意志是不夠的。所要求的是一種自我知識的能力，也是我們會在認知意義上稱呼一個行為者的那種能力，這種能力堅持達到自我的界限而不把他們視為先行給定的可能性。但根據羅爾斯的道德認識論，反思的範圍是有嚴重局限的。「由於所定義的自我界限是先行地、非反思地、由一個先行地個別化的原則給出的，因此在相關的意義上，自我知識似乎是不可能的。」[29] 對羅爾斯式的自我來說，典型的道德問題不是「我是誰」（who I am），因為這個問題的答案被視作是自明的，而是「我將選擇什麼目標」（what ends shall I choose），後者是對意志提出的問題。

　　總的來看，桑德爾的觀點是，社會紐帶不僅是一個情感問題，更是一種構成性的力量。個人乃是社會的個人，脫離了社會，個人就失去自己的本質。社會因素決不是被人選擇、追求的附加成分，也不只是人們欲望和情感的對象，它們還是構成人格同一性的內容。只有這種構成性的社群觀才能為合理的政治哲學和倫

理學奠定堅固的基礎。

三、失落的共和精神

　　羅爾斯在一九八〇年發表的名為《道德理論中的康德式構造主義》(*Kantion Constuctivism in Moral Theory*)的〈杜威講演〉(Dewey Lectures)中直言不諱地承認,他致力發現的並不是普通的正義原則,而是適合像美國這樣的現代自由、民主社會的原則。從羅爾斯對美國政治史的釋讀來看,〈杜威講演〉的目的,正是想把「道德的人」理解為「自由平等的美國社會如何安排基本制度以適合將自由、平等的公民視為道德人」,正因如此,有的論者將〈杜威講演〉的主張稱作「一國的康德主義」;[30]在一九九三年發表的《政治自由主義》中,羅爾斯更把能夠達成現代社會內部一致的基礎且克服不穩定的問題理解為政治哲學的主要任務,從而使他的理論沾染了濃厚的霍布斯主義

和黑格爾主義色彩。

　　有意思的是，在桑德爾思想的晚近發展中，對美國政制的自我理解也發揮越來越重要的作用。

　　早在發表於《政治理論》（ *Political Theory* ）一九八四年第十二期上的〈程序共和制和混沌無知的自我〉（ The Procedural Republic and the Unencumbered Self ）一文中，桑德爾就分析了早期真正的共和制與程序共和制的主要區別。他認為，在早期的共和制中，自由被當作民主制度的一種功能，而在程序共和制中，自由被界定為保證個人對大多數的反對。與早期的共和政治不同，現代的共和政治是建立在權利優先論的基礎上。我是自由的，因為我是權利的享有者，權利成了最後的王牌。

　　在桑德爾看來，現代共和制就是一種程序共和制。所謂程序共和制是指受自由主義觀點和自我想像激勵的公共政治生活，這種程序制的淵源可以追溯到共和制的創建初期，但其核心內容在十九、二十世紀之交才得以顯現，到

了本世紀中葉才得以完成。隨著這種變化，美國的制度和實踐就逐漸從公共目的哲學轉變爲公平程序哲學，從善的政治轉變爲權利的政治，從國家的政治轉變爲程序共和制。

在一九九四年發表的新著《民主的不滿：美國對公共哲學的探求》（*Democracy's Discontent: America in Search of a Public Philosophy*）一書中，桑德爾對他在一九八四年發表文章中的理念進行了拓展，並試圖揭示早期美國對共和主義的承諾，闡明當今美國的公共生活中對自由主義的承諾。

《民主的不滿》的目標是雙重的：在重新燃起人們對共和主義熱情的同時，抑制人們對自由主義的熱情。桑德爾這本書的特色就在以他一貫對權利自由主義的批判爲基礎，重新讀解美國政治史。這種讀解的結果就是自由的理想，在憲法和政治經濟的發展中代替了共和的理想位置，而我們也能對從共和主義退卻中造成的失落有一具體真切的感受。

撇開桑德爾自己的說明程序，《民主的不

滿》包含了以下五個引人注目的論題：[31]

（1）美國的憲法在實踐中已經變成了權利優先論，因此其願望是中立的，它並不強加某種特殊的價值。

（2）這種中立主義也表現在以偏好優先模式爲基礎的經濟政策的制定中。

（3）這種中立主義還表現在組織政治並使之概念化的利益優先方式中。

（4）就它讓公民美德的關心成爲不相干而言，這種發展與早期共和主義的思考方式構成對照。

（5）與當代自由主義相比，採取後一種思考方式（早期共和主義）將使我們取得成功。

下面我們依次對桑德爾的這五個論題進行具體說明。

桑德爾第一個論題的目標是想闡明：「憲法的權利優先論解釋」在美國獨立戰爭和制憲會議時期並不是特別顯著的。只是在制憲會議的最後一周，當憲法要提交代表大會時，維吉尼亞（Virginia）的喬治·梅森（George Mason）

起身表示「希望以一個權利法案作草案的緒言」。
[32]當然，反聯邦主義者（Anti-Federalists）確實
希望利用缺乏權利法案作為反對通過憲法的藉
口，然而在桑德爾看來，這並不意味著他們對
權利優先論的承諾。「在反對憲法的過程中，
他們試圖限制國家的權力，他們在權利法案中
發現這種做法（即以權利法案來限制國家的權
利）未必是最有效，卻是最普遍的。」[33]

　　根據桑德爾的看法，只是在內戰（Civil
War）接近尾聲時，權利優先論的主張才取得
它的位置。第十三、十四、十五條憲法修正案
是用來保證奴隸的解放及其平等地位的。「第
十四條憲法修正案也對州（的權力）施加了某
種限制，這使最高法院在保護個人權利的作用
上發生轉變。它確定沒有一個州可以『剝奪合
眾國公民的特權和豁免權』或者『不經過法律
的程序剝奪任何人的生命、自由或財產』，或
者否認任何人『應受法律的同等保護』。」[34]

　　桑德爾認為，正是這一修正案明顯讓憲法
的權利優先論解釋獲得了地位。正因如此，在

一九二五年發生的「洛克奈爾控訴紐約」案
（Lochner vs. New York）中，[35]最高法院遂能以
下面這樣的措辭來做憲法的裁判性解釋：「個
人就自己事務訂定合同的普遍權利，是受第十
四條憲法修正案保護的個人自由權的一部分。」[36]

　　桑德爾指出，儘管到了後來的新政（New
Deal）時期，最高法院放棄了洛克奈爾案的解
釋，但它所包含的思考方式卻牢牢地樹立了起
來。也許憲法本來並不存在洛克奈爾案中宣稱
的那種權利；也許在這種情形中民主的大多數
意志應當讓位；而且也存在著即使觸犯了民主
的大多數也應當保護的其他權利。那麼，究竟
那些權利擁有絕對的地位？根據洛克奈爾案大
法官何姆斯（Oliver Wendell Holmes）的意見：
個人就自己的事務簽訂合同的權利並不擁有絕
對的地位，因為它是依據一種特定的經濟哲學
真理性的權利。正因如此，這種基礎性的權利
敘述，並不預設「好的生活」和「好的社會」
的任何特定觀念。在第二次世界大戰後，當最
高法院，逐漸把憲法表徵為對不同目標的中立

性權利框架時，權利優先論的解釋於是得到了
最終的確立。

桑德爾的第二個論題，考察了在美國的經
濟思想中所出現的類似非價值的中立主義。

桑德爾描述從憲法的衰落到新政時期美國
的經濟措施對公民的影響。貫串這一階段的擔
心是，這種措施壓制了工人，並使他們不能達
到共和主義希望在公民身上體現的獨立和美
德。

經濟思想的中立主義在消費主義（Consumerism
或譯為利益主義）的興趣中達到了極點。最好
的經濟措施不是滿足共和主義提供的某些先行
給定好的觀念安排。依據消費主義的信條，它
們是最能滿足人們在消費選擇包括工作中表現
出來的偏好安排，「代之以問：如何提升、改
進或者限制人們的偏好，它問的是如何最好地
（最完全地、最公平地或者最有效地）滿足他
們。」[37]

桑德爾的第三個論題係關於政治態度的中
立主義。不再如共和年代那樣把政治理解為協

商確定（deliberative identification）和對共同善
的合作追求，中立主義把政治理解為不同利益
集團之間競爭和討價還價的過程。在桑德爾看
來，利益集團的政治象徵對美國共和理想的悖
離，就如同「憲法的權利優先論」和「政治經
濟的偏好優先論」的悖離一樣。

　　桑德爾的第四個論題闡明了當今美國的公
共哲學為了支持非價值的中立主義，避開一切
價值；而共和早期的社會和政治制度則是被設
計用來形成人們的道德氣質。

　　那麼，什麼是桑德爾認為重要的共和理想？
照桑德爾的看法，根本的理想就是與自由主義
自由（freedon, liberty）相區別的共和主義自由。
桑德爾追隨共和主義理想的強說法（strong
version），認為自由本質上或內在地要求參與
自治，「共和主義政治理論教導說，自由即是
參與治理一個控制其自身命運的政治社群」；[38]
而按照共和主義理想的適中說法（modest
verison），自治和自由之間的關係是工具性的
而非定義性的。即使自治和自由之間的關係是

工具性的，但仍然是內在的，桑德爾也贊同適中的說法。但桑德爾似乎沒有清楚地說明它們的內在關係究竟是怎麼樣的。

進一步，什麼是好的社會的共和主義觀念，可以作為自治共和對其成員的要求？「共和主義理論並不採取人們現成的偏好並試圖去滿足他們，不管這種偏好可能是什麼；它轉而尋求培養那些對自治的共同善來說是必要的品質。」[39]亦即那些對人們就共同善進行富有成果的協商並幫助塑造社會命運是必要的品質，這些品質包括對公共事務和歸屬感的知識，對與社群整體道德結合的關心。

最後，什麼樣的制度和綱領能使這種德性得到培育，並使共和主義的理想得到促進和發揚？這種制度不應該是侵略性和均質化的。桑德爾眼中的共和主義英雄是托克維爾（Alexis de Tocqueville）而不是盧梭，「與盧梭單一的、整體的觀點不同，托克維爾描述的共和主義政治是吵鬧而不是共識的（consensual）。它並不輕視差異，並不瓦解人和人之間的空間，而是

在這種空間中充滿使不同能力的人集中在一起
的公共機構,它既把人們分開又把他們聯繫起
來。這些機構包括教區、學校、宗教以及民主的
共和制要求形成『精神氣質』和『心靈習性』
來維持德性的職業。」[40]

　　值得注意的是,桑德爾對共和主義的讚美
並不意味他要放棄個人權利,而是爲個人權利提
供新的基礎;他贊同更大規模的平等,「共和主
義的傳統教導我們,由於敗壞了富人和窮人的品
質,毀滅了自治所必要的共同性(commonality),
使得嚴重的不平等削弱了自由的基礎。」[41]

　　桑德爾的第五個論題旨在說明應當放棄構
成美國流行公共哲學的自由主義,信奉出現在
他敘事中的共和主義。但桑德爾的這一主張是
透過揭示自由主義的弱點而不是共和主義的優
點來得到闡明的。桑德爾考察了對當代自由主
義的三種辯護形式:功利主義的辯護,康德主
義的辯護以及基於最低的、實用的基礎上的辯
護。在他看來,功利主義不尊重人和人之間的
差異;康德主義不能證明對特殊的自治體依戀

的正當性；而實用的解決常常不能簡單地得到，道德和宗教的信仰常常不能被置之不顧，否則就會侵蝕自治的必要資源如道德和公民意識。

一般來說，共和國家的統治是公民爲共同的善所從事的一項共同事業。但在二十世紀，共和主義幾乎從政治舞台上消失，部分原因是現在沒有要與之鬥爭的舊式國王，再就是自由共和國裡參與公益事業優先於公民的私人生活這一古老觀念，已不再對持有更加消極和個人主義觀念的自由主義者具有吸引力了。[42]但是，由於極端發展的個人主義的自由主義之流弊逐漸暴露，古典主義的理想，被漢娜·鄂蘭（Hannah Arendt）復活了。這種對共和主義的「新雅典（New-Athenian）主義」解讀，把共和主義的理想與本傑明·貢斯當（Benjamin Constant）所謂的古代的自由聯繫起來。自由主義的自由存在於對一個微小的領域幾乎是總體性的控制，而共和主義的自由則存在於對一個總體性領域（即每個人所做的）的一種微小程度控制。

這樣看來，作爲權利自由主義批評家的社

群主義者桑德爾，對共和主義的理想抱有懷念
和讚美之情，似乎是順理成章的。確實，桑德
爾追隨鄂蘭的新雅典主義道路，在他看來，共
和主義的自由即在於參與治理一個控制其自身
命運的政治社群，他認爲亞里斯多德和鄂蘭是
這種觀點的源泉。

　　儘管鄂蘭拒絕假設一個有實質內容的人性
概念，但是，刻劃鄂蘭理想中的積極生活（vita
activa）和公共領域的亞里斯多德城邦政治學，
內含了一個德性理論；那麼，桑德爾又如何來
解說共和主義的自由、共和主義的制度及支持
這種制度的公民德性的關係呢？僅僅說自治和
自由具內在的聯繫是不夠的。事實上，桑德爾
沒有成功地說明自治的理想如何具體落實，特
別是在當今美國這樣複雜且巨大的社會；他也
沒有說明自治怎樣才能有效地反對傑斐遜
（Thomas Jefferson）所擔心的「多數的暴政」
（the tyranny of the majority）。當他說共和主
義的自由和自治要求公民美德作爲支持時，他
故意對這種美德的內容三緘其口，反而使得這

種自由和美德要去支持的制度的性質變得含混模糊。進一步，套用柏林關於積極自由和消極自由的著名區分，桑德爾理想共和主義的自由似乎是所謂的積極自由，那麼，它與消極自由的關係又如何？所有這些問題桑德爾似乎都沒有給予清楚、有力的回答。

如果說自由主義政治的最後一張王牌是一種對美德的供給漠不關心的國家組織統治方式，而麥金泰爾深深地沉浸在蘇格蘭蓋爾特人的傳統世界之中，在希臘德性的廢墟上發思古之幽情，那麼桑德爾則孜孜於對權利自由主義的批判，在失落的共和精神裡流連徘徊。但是，要使社群主義對自由主義的批評取得積極的建設性成果，就必須有正面的理論建樹，這正是華爾澤和泰勒致力的方向。

註　釋

1.See J. Rawls, *Political Liberalism*, Lecture 1,New York, 1993.

2.M. Sandel, *Liberalism and the Limits of Justice*, Cambridge, 1982, p.1；and see R. Dworkin, 'Liberalism', *Public and Private Morality*, ed. by Stuart Hampshire, Cambridge, 1978.

3.「正當」和「權利」的英文表述是同一詞 right。儘管兩者的解釋有時可相通，但「正當」義更泛，與 good 相對界分倫理學類型時，right 宜譯為「正當」，See W. D. Ross, *The Right and the Good*, Oxford, 1930.

4.M. Sandel, *Liberalism and the Limits of Justice*, Cambridge, 1982, pp.2-3.

5.J. Rawls, *A Theory of Justice*, Harvard University Press, 1971, p.256.

6.M. Sandel, op. cip., p.27.

7.Ibid., p.30.

8.關於「占有性個人主義」請見 C. B. Macpherson, *The Political Theory of Possessive Individualism: Hobbes and Locke*, Oxford, 1962.

9.M. Sandel, op. cip., p.21.

10. Ibid., pp.130-2.

11. R. Nozick, Anarchy, *State and Utopia*, New York: Basic Book, Inc. 1974, p.228.

12. Ibid, pp.225-6.

13. M. Sandel, op. cip., p.20.

14. Ibid., p.55.

15. Ibid., pp.79-80.

16. Ibid., pp.149.

17. R. Arneson, 'Introduction' (to A Symposium on Rawlsion Theory of Justice: Recent Development), *Ethics*, 99, pp.695-710.

18. See C. Kukathas and P. Pettit, *Rawls*, Polity Press, 1990, pp.107-9.

19. 參見《布萊克維爾政治學百科全書》,「社區・共同體」條目,北京：中國政法大學出版社,一九九二年。

20. C. B. Macpherson, p.3.

21. J. Rawls,op. cip., p.192.

22. J. Rawls, 'Fairness to Goodness', *Philosophical Review*, 84, p.544.

23. J. Rawls,op. cip., p.522.

24. Ibid., p.523.

25. Ibid., p.528.

26. M. Sandel, op. cip., p.150.

27. Ibid., p.151.

28.Ibid., p.153.

29.Ibid.

30.C. Kukathas and P. Pettit, op. cip., pp.121-33.

31.這一概括及以下的闡述參見 P. Pettit, 'Reworking Sandel's Republicanism', *The Journal of Philosophy*, Vol. XCV. No. 2, 1998.

32.M. Sandel, *Democracy's Discontent: America in Search of a Public Philosophy*, Cambridge: Harvard University Press, 1994, p.33.

33.Ibid., p.35.

34.Ibid., p.39.

35.所謂「洛克奈爾控訴紐約案」的主要內容是，紐約的一項法令規定，禁止雇用任何人每周在麵包房或糖果店工作六十小時以上。美國最高法院認為這項法令是違憲的，侵犯個人就自己的事務簽訂合同的權利，而這項權利是第十四條憲法修正案保障的個人自由的一部分，見《牛津法律大辭典》（*The Oxford Companion to Law*），北京：中國政法大學出版社，一九八八年，頁五六一。

36.M. Sandel, op. cip., p.41.

37.Ibid., p.255.

38.ibid., p.274.

39.Ibid., p.25.

40.Ibid., pp.320-1.

41.Ibid., p.330.

42.參見《布萊克維爾政治學百科全書》，「社區．
　共同體」條目。

第四章
多元主義正義論

　　在法國大革命提出的自由、平等和博愛的
口號中，平等是占有主導地位的理念，自由與
平等的衝突和平衡，更是近代西方自由主義政
治思想的核心所在。

　　在當代政治理論中，羅爾斯正義兩原則中
的平等主義色彩是特別引人注目的，第二原則
（即差別原則）集中體現了羅爾斯理論的平等
主義向度。值得注意的是，試圖調和、綜合自
由和平等的矛盾和衝突，正是羅爾斯從《正義
論》到《政治自由主義》的一貫目標，用他在
《政治自由主義》中自己的話來說，「正義即
公平」即試圖在過去兩百多年的政治思想中，

將洛克遺產和盧梭遺產這兩種主導性力量做一
種裁定。[1]

　　在自由主義占有壓倒優勢的情形下，羅爾
斯的正義第一原則贏得了廣泛的認可，但集中
體現其平等主義向度的差別原則則遭到廣泛的
批評。諾錫克以洛克的權利理論爲準繩，認爲
羅爾斯式的再分配將會侵犯個人權利，而爲實
現這種再分配所必然要求的持續干預，更會對
公民的權利和自由形成威脅。

　　如果說，諾錫克的最小國家理論代表對羅
爾斯的正義論（特別是其平等主義）進行激烈
批判的一種重要力量，那麼，華爾澤倡導的多
元主義正義論（尤其是其內含的複合平等觀），
則是批判羅爾斯的另一種獨特的聲音。

　　應該看到，對羅爾斯正義論的平等主義傾
向，華爾澤是持同情態度的。但羅爾斯的分配
主義主要關心的是經濟上的平等，華爾澤則在
多元主義背景下，以遠超出單純經濟領域的社
會物品（social goods）理論爲基礎，建構複合
的平等觀，從而以他獨特的多元主義正義論代

表了試圖綜合自由和平等的社群主義的方向。

一、複合的平等觀

　　華爾澤的代表作《正義的領域》（*Spheres of Justice*）的副標是「為多元主義和平等辯護」，其主要關心的問題仍是分配正義的問題。

　　華爾澤認為，人類社會是一個分配的社群。分配正義問題不但與存在什麼有關，而且與擁有什麼有關；不但與生產有關，而且與消費有關；不但與認同（identity）和身分有關，而且與土地、資本或個人財產有關。「物品的多樣性是與分配的程序、動因和標準的多樣性相對稱的。」[2]一種合適的分配正義觀必須考慮到以下幾個因素：

　　首先，不存在進入「分配的安排和意識形態世界」的唯一入口，也從來沒有普遍的交換媒介。自從以物易物的經濟形態衰落後，金錢成為最共通的媒介。但「金錢買不到所有東西」

這一古老的箴言是真的。什麼能賣，什麼不能
賣，男男女女都要以許多不同的方式作出決定。
同樣，市場雖然是對社會物品進行分配的最爲
重要的機構，但市場從來不能代表全部分配制
度。

其次，從來不存在一個動因，使得所有的
分配都能加以控制。沒有一種國家力量，其滲
透性如此之強，使得它能夠調節社會所有的共
享（sharing）、分配和交換的樣式。國家力量
不可能洞悉物品的全部範圍，或者代替每一種
其他的分配動因，也沒有任何其他力量能夠做
到這一點。

最後，不存在適用於所有分配的一個唯一
標準或唯一一組相互聯繫的標準。應得
（desert）、資格（qualification）、出身、血統、
友誼、需要（need）、自由交換（free exchange）、
政治忠誠、民主決定，每一個或同其他的組合
在一起，都可以充當分配的標準。

有意思的是，儘管華爾澤認爲追求一元的
分配標準的衝動誤解了分配正義的主題，但在

某種意義上，這種「哲學衝動」（philosophical impulse）仍然是不可避免的。即使選擇了多元主義，也仍然需要一種融貫的辯護。因為多元主義本身並不要求我們贊成每一種提出的分配標準或接受每一個可能的分配動因，因此需要有一種原理，來證明多元主義的選擇是正當的，並說明這一選擇的限制。華爾澤的目標即是要建構這種原理和唯一正當的多元主義，而這種多元主義必然包含廣泛分配領域的多元主義。

從這一角度看，華爾澤強調歷史、文化和成員身分（membership）的特殊主義向度，並要對羅爾斯「試圖消除特殊性，抹平差異的原初狀態和無知之幕的設計」進行批評。

在華爾澤看來，即使在無知的原初狀態中對無偏私性（impartiality）作出了承諾，最可能出現在政治社群成員心中的問題也將不是「什麼是處在這般普遍化條件下的理性個體將會選擇的」，而是「什麼是我們這樣被情境化、共享或被決定共享著某種文化的個體將會選擇的？」；這樣的問題很容易被轉換成：「什麼

是我們在共同生活中已經作出的選擇，什麼樣
的理解是我們真正共享的」這樣的問題。

　　華爾澤進一步認爲，在分配正義的理論中
爲文化多樣性和政治選擇留下位置，並不僅僅
是爲不同的歷史環境補充某些獨特的原理。所
要求的是，就其本身在形式上是多元主義的正
義原則，不同的社會物品應根據不同的理由，
相應於不同的程序，由不同的動因進行分配；
而所有差異都是因爲對社會物品本身的不同理
解，這就涉及到華爾澤倡導的複合平等觀的理
論基石（即其獨具一格的社會物品理論）。

　　諾錫克在對羅爾斯的分配正義原則進行批
判時，曾經機智地指出，羅爾斯的理論把有待
再分配的物品當成彷彿來自天堂的神物。[3]華
爾澤認爲，這一論證有合理之處，但由於諾錫
克沒有看到生產的社會特徵，因此導致了其極
端個人主義的結論。多元主義正義論則認爲對
物品意義的了解應先於人們對物品的控制，換
句話說，社會物品是攜帶著人們對它意義的理
解來到世上的。社會物品的分配要根據人們對

什麼是社會物品及其服務目的的共享觀念來進
行。因此，物品的理論是需要解釋並對分配的
可能性的多元主義加以限制。

具體來看，華爾澤的社會物品理論包含以
下內容：[4]

（1）分配正義關心的所有物品均為社會物
品。因為觀念和創造是一種社會過程，世界上
的物品必然已經分享了意義；出於同樣的理由，
不同社會中的物品具有不同的意義。

（2）由於男人和女人對理解、創造、占有
和使用社會物品的方式，呈現出具體的認同。
不能把分配理解為對物品沒有特定的認識，也
不能把分配理解為在手頭擁有物品的男人和女
人間進行的活動。沒有物品的轉讓史，就不可
能有任何可識別意義上的男人和女人，這些人
也不可能擁有如何進行給予、配給和交換的第
一個概念。

（3）沒有對所有的道德和物質世界都可以
想像的物品。或者說，任何物品如以抽象的方
式被認識到，那麼在考慮特定的分配問題時，

它們將很少能夠發揮作用。

（4）正是物品的意義決定了它們的運動。分配的標準和安排並非內在於物品本身，而是內在於社會物品的。只有相對於物品的社會意義，才有分配的正義或非正義問題。很顯然，這是一個合法化（legitimation，或譯為正當化）原則，但同時也是一個批判性的原則。

（5）社會意義具有歷史性，因此，分配（包括正義的和非正義的分配）都是在時間中變化的。

（6）既然意義是獨特的，分配就必須是自主的（autonomous）。每一種或每一組社會物品構成了一個分配的領域，在這一領域內，只有一定的標準和安排才是適當的。金錢對於聖餐是不合適的，正如虔敬對於市場是不合適的。因為市場對所有人開放，教會則否。當然，沒有一種社會意義是完全獨特的，也就是說，一個分配領域中發生的將會影響到另一個分配領域。因此，所能尋求的只是相對的自主。沒有一種唯一全包的標準，只有對每一個特定社會

的每一種社會物品和每一個分配領域才有標準
可言。

　　以上述多元主義的社會物品理論爲基礎，
華爾澤集中批判在分配正義領域流行甚廣的簡
單平等觀。

　　由簡單平等觀統治的社會是那種萬物都在
出賣，以及每一公民都與別人擁有同樣多金錢
的社會。在華爾澤看來，簡單平等的制度不可
能維持很久，因爲隨著轉換的進一步發展和在
市場中的自由交換，不平等將會重新產生出來。
在實踐中，即使打破金錢的壟斷以使它的支配
或控制失效，其他物品也將會開始發揮作用，
並使得不平等以新的形式出現。

　　在前面所說的簡單平等的情形下，每個人
都有使他的孩子受教育的同等能力。即使每個
人都在教育上進行同樣的投資，甚至使它以稅
收制度的形式得以普遍化，而學校將變成一個
金錢不再發生支配性作用的競爭世界，因爲天
賦和家庭的培養與訓練會取而代之，並使教育
的成就和鑑定被某些新的集團控制，也許可以

把這群人稱作「能人集團」。最後，這個集團
的成員將會宣稱：「他們能控制的『好』（good），
在學校之外也應發揮支配性作用，公職、頭銜、
特權和健康都應被他們占有。」

　　華爾澤認為，羅爾斯差別原則的目的就是
試圖對這種能者的壟斷性權力進行限制。但是，
再分配必然要求國家持續干預以打破或限制初
期的壟斷，並壓制新的支配形式，因此，國家
權力本身又會成為各方竭力爭取的主要目標，
因為政治是最直接通向支配的道路，而政治權
力則是人類歷史中最重要也最危險的物品。各
種集團都會尋求壟斷國家權力以加強他們對其
他社會物品的控制，或者，國家力量將會被它
的代理人依照寡頭統治者冷酷無情的法律所壟
斷。因此，一旦各種社會和經濟的壟斷被打破，
需要的就是建立憲政的制約和平衡，以對政治
壟斷加以限制。但是，試圖對政治權力進行廣
泛分配的民主政治的最大危險，也許並不是被
廣泛注意到的「多數的暴政」，而是「對處理
在社會上普遍產生再壟斷能力的削弱」，這些

壟斷包括財政寡頭、官僚主義者、專家治國論
者和能人統治集團。

　　對簡單平等的追求能導致的——在國家主義和
私人特權之間的搖擺，都是由於把壟斷（monopolize）
而不是支配（dominate）當作分配正義要處理的
主要問題所致。哲學家和政治活動家把矛頭針
對壟斷的一個重要原因是，近代的分配鬥爭（the
distributive struggles）是從反對貴族對土地、公職
和榮譽的獨占戰爭開始的。誠然，與在財富、
權力、教育基礎上建立起來的壟斷相比，建基
於出身和血統之上的壟斷是特別有害的。但是，
對於財富、權力和教育這樣的社會物品來說，
所謂的簡單平等是根本不可能持久的。因為這
三者在它們自身的領域內都會自然地產生壟
斷，而這種壟斷只有當國家權力是支配性的，
或者由志在壓制這種壟斷的官員加以壟斷時，
才能加以抑制。

　　相對於簡單平等觀，華爾澤倡導的複合平
等觀認為，應該把分配正義的問題集中在對支
配的縮減上面。複合的平等觀強調縮小可轉換

特定物品範圍的重要性，並爲分配領域的自主
性進行辯護。

　　考慮這樣社會，除持續的國家干預外，不
同的社會物品被壟斷地持有，但沒有一種物品
是可以普遍地被轉換的，這就是一個複合平等
社會。在這樣的社會中將會有許多小的不平等，
但這種不平等不會透過轉換過程而成倍地增
加；不同物品上的不平等也不能累計，因爲分
配的自主將會導致各種不同的集團持有各種局
部的壟斷。

　　在華爾澤看來，這樣一幅社會圖景是頗有
吸引力的。對複合平等觀的論證應該從我們對
各種社會物品的實際、具體、積極和特殊的理
解開始。平等是由我們製造、共享和分配的物
品所中介的人和人之間的複合關係，而不是某
種占有的身分（an identity of possessions），它
要求反映社會物品多樣性的多元分配標準。每
一種社會物品均有社會意義，我們透過對這些
意義的解釋找到實施分配正義的方式。

　　華爾澤認爲，複合平等制度是暴政的敵人，

它建立了使支配無效的新型的人和人之間的關係。對支配的批判導向一種開放的分配原則，這種原則要求我們探究社會物品的意義並從內部觀察不同的分配領域。

　　在這些一般性思考的基礎上，華爾澤考察了分配正義領域的三條原則。

　　第一條原則是自由交換（free exchange）。自由交換是一個廣泛的原則，它並不保證某種特定的分配結果。至少從理論上說，自由交換產生了在其中透過金錢這一中性媒介所有物品都能轉化成其他物品的市場制度。沒有支配性物品，也沒有壟斷。因此，可以獲得的相繼決定將能直接反映所分配物品的社會意義，換句話說，每一次自由交換都是物品的社會意義的呈現。根據定義，沒有一種物品 y，僅僅因為某人占有 x 而不考慮 x 對社會的其他成員的意義，就應該落入占有 y 的那人之手。因此市場在其運作和後果方面是徹底多元的，對個人附加在物品上的意義是極為敏感的。那麼，在多元主義名義下，我們還應該對自由交換進行什

麼樣的限制呢？華爾澤認為，即使是簡單平等，
建立在平等分享基礎上的自由交換，也應該對
「什麼可以交換什麼」加以限制。雖然自由交
換把分配完全當作個人之間的事情，但社會意
義則並不（或並不常常）隸屬於個別的男人和
女人對之進行的解釋性決定。因此，自由交換
並不是普遍性的標準，但我們能夠指定其範圍，
從而使它只透過對特定的社會物品仔細分析而
發揮作用。

　　第二條原則是應得原則。與自由交換一樣，
應得原則是廣泛多元的。人們想像一個唯一的
中性動因來實施獎賞和懲罰，並且這一動因對
個人應得的所有形式是無限敏感的。這時，分
配過程確實被集中起來，但其後果仍然是不可
預測和各種各樣的。根據定義，不考慮其社會
意義，將沒有一種物品 x 會被分配，這是因為，
不考慮 x 是什麼，就說 x 是應得的，是概念上
不可能的事情。無論我們如何推斷自由交換運
作的領域界限，應得都將不會在這一界限內發
揮作用。應得似乎要求在特定的物品和特定的

人之間特別緊密的聯繫，而正義偶爾才要求這種聯繫。應得沒有需要那樣的緊迫性，也不以同樣的方式引起所有、持有和消費。應得的權利是一種強烈的要求，但卻是非常難以判斷的，只有在非常特定的情形下才會產生某種特定的分配。

第三個原則是需要原則。「各取所需」（to each according to his needs）是馬克思著名分配箴言的一部分，這一箴言是，「我們按照共同體的成員需要分配共同體的財富」（We are to distribute the wealth of community so as to meet the necessities of its members），[5]華爾澤認為，這是一個合理但卻是相當不完整的分配建議。「各盡所能」（from each according to his ability）似乎要求所有的工作應該在個人資格的基礎上進行分配，但在任何明顯的意義上，個人並不需要所限定的那種工作。也許這樣的工作是稀少的，而有資格的候選者則非常多，那麼，哪個候選者最為需要？如果他們的物質需要已經得到滿足，也許他們根本就不需要工作；或者，

如果是在非物質的意義上，他們都需要工作。
因此，需要並不能把他們相互區分開來。馬克
思的分配原則在政治權力、榮譽、名聲、帆船、
珍貴書籍和任何一種美好東西的分配上也不能
提出什麼幫助。因爲從嚴格意義上說，這些都
不是任何人所需要的。即使我們把需要在最強
烈的意義上定義爲與想要（to want）相對，考慮
到孩子的需要，我們仍然沒有合適的分配標準。

　　儘管如此，華爾澤還是認爲需要產生了一
個特殊的分配領域，在它自身的範圍內，它本
身就是一條合適的分配原則。給定任何產生於
共同生活的物品巨大的多樣性，即使其物質生
活水準非常低，其他的分配標準仍將與需要一
起發揮作用。分配的規則的有效性應當是：依
照不同的程序，爲了不同的理由，把不同的物
品分配給不同的男男女女。

　　應當看到，簡單的平等比較容易達到，只
要一種支配性的物品得到廣泛的分配就能達成
一個平等的社會。但複合的平等就要艱難得多。
在物品所中介的關係能夠變成平等的女人和女

人之間的關係之前,有多少物品必須被自主地
理解?對這樣的問題並沒有確定的答案,也沒
有理想的制度。而一旦我們著手區分物品的意
義並劃定分配的領域,我們事實上就已經開始
了對平等社會的追求。

在對複合平等的追求中,政治社群(political
community)具有特別重要的作用。因為政治社
群是我們達到共同的意義世界最接近的路徑。

在政治社群中,語言、歷史和文化比其他
任何地方更緊密地會合在一起,產生了集體的
意識。「被認作固定和永恒的心理集合的國民
性顯然是一個神話,但在一個歷史性的社群中,
成員所共享的情感和直覺則是生活中的事實。」
[6]也許,政治社群和歷史社群有時並不重合,而
在現代世界,共享的情感和直覺更不容易獲得;
也許,我們應根據發生這種共享的少得多的單
位的要求,調整分配的決定,但這種調整本身
必須政治性地完成,而它的性質要依賴公民間
共享的對文化多樣性的價值和局部的自主理
解。我們都是創造文化的生物,我們製造意義

世界並居住在其中；我們堅持正義，反抗暴政，而這些都要透過堅持社會物品的意義來達到。「正義植根於對地位、榮譽、工作及諸如此類事物的獨特理解中，這一切構成了生活的共享方式。」[7]

　　總括來看，華爾澤的觀點是，平等的社會是我們能夠達到的，它是潛在於我們對社會物品的共享理解中的實際可能性，它適合於人類如何相互聯繫、如何使用形成他們關係事物的可靠觀念。「分配正義……是一種差別的藝術……平等就是這種藝術的產物。」[8]

二、社會批判與社會重建

　　羅爾斯、諾錫克和華爾澤分別代表在平等問題上的三種不同的觀點，但要清楚界定三者尤其是華爾澤的複合平等觀和羅爾斯的正義（即公平論）之間的關係，就需要來考察一下華爾澤的社會批判理論。

　　早在發表於一九八一年八月號的《政治理論》上的〈哲學與民主〉（Philosophy and Democracy）一文中，華爾澤就在哲學知識和政治知識之間進行對比。維根斯坦（L. Wittgenstein）有一句名言：「哲學家不是任何理想社群的一員，這恰恰是使他成為一個哲學家的原因。」[9]華爾澤認為它意味著政治哲學家必然會把他自己從政治社群中分離出來，追問政治聯合的意義和目的，以及任何社群及其統治的合適的結構這樣最深層的問題。與這種哲學知識相對，政治知識則帶有更為限定、特殊的性質，它追問的問題是：什麼是這個聯合的意義和目的？什麼是我們的社群和政府的合適結構？在華爾澤看來，外在於社群，可能只有一個正確答案；內在於社群，則有許多答案（有多少社群，就有多少答案）。正如柏拉圖著名的洞穴之喻所昭示的，洞穴有許多，太陽只一個。因此，政治知識是獨殊、多元的，哲學知識則是普遍、一元的。「哲學上的有效性和政治上的認可是完全不同的兩樁事情，它們屬於人類活動的兩

個完全不同的領域。」[10]認可（authorization）
是公民自己統治自己的事情，有效性（validation）
則是思辨的產物，是孤獨地居住在孤獨世界裡
的哲學推理事情。在哲學的領域，民主沒有資
格；在政治的社群，哲學家沒有特權。在意見
的世界裡，真理不過是一種意見，而哲學家是
另一種意見製造者。

　　在《正義的領域》中，華爾澤認為，與物
品的社會意義一樣，分配領域的相對自主本身
就是一個批判、激進的原則，但這種原則並不
是遠離真實的社會世界如柏拉圖主義那樣從超
驗的道德實在中抽繹出來的，「正義和平等作
為哲學的人工製品能夠在想像中擬定，正義和
平等的社會則不能。」[11]分別在一九八七年和
一九八八年發表的《解釋與社會批判》
（*Interpretation and Social Criticism*）和《批判
的聚會：社會批判和二十世紀的政治承諾》（*The
Company of Critics: Social Criticism and Political
Commitment in the Twentieth Century*）進一步發
展了關於社會批判的思想。

　　華爾澤認為，在當代，「批判理論」也許是所有批判性語言中最為模糊的術語。在《批判的聚會》導言中，華爾澤首先澄清了對「批判」的三種誤解。

　　第一種誤解是認為，作為自我意識活動的批判只是啟蒙運動和浪漫主義的產物，是晚近才出現的。華爾澤則認為，古代以色列（Israel）的先知肯定已經對他們作為社會批判者有了自我意識；當蘇格拉底自詡為牛虻，批判他的同胞對於善的理解時，他也是在進行我們今天所稱的「意識形態批判」。在同樣的意義上，古希臘的智者、羅馬的諷刺作者、中世紀的佈道修士、文藝復興時期的人文主義者，也都以不同的方式成為社會批判者。「把反思性（reflexivity）作為近代的發明是一種錯誤。」[12]

　　第二種誤解是認為，所有早先的批判者把注意力集中在個人的行為和訊息上面，而沒有把自己放在社會秩序的對立面。就社會是由它成員的行為和觀念直接構成，而沒有經過意識形態、實踐和制度安排的中介而言，他們才能

被稱作社會批判者。華爾澤認爲這種觀點無論
在過去還是現在都是一種誤解。蘇格拉底顯然
堅信不只是這群公民或那群公民出了問題，而
是民主政體本身已經病入膏肓。當然，在一定
意義上，仍然可以說對於政治制度和社會結構
的系統批判是近代的創造，但即使在今天，沒
有人格化的力量作爲支持，結構性的批判也很
難得到持久的堅持。

　　第三種誤解是認爲，現在的批判者是異化
的、不滿的、中立的（unattached，自由的），
在他的同胞中間沒有一個安全的社會地位，沒
有一種被承認的角色，沒有榮譽。華爾澤認爲，
「與資產階級極不相稱」（ill-sorted with the
bourgeoisie）也許確實是一幅近代的形象，但
即使在激進的神學院學生和「改革時期」
Reformation Period）持不同意見的神學家中間也
可發現異化的徵兆。在華爾澤看來，批判和革
命是兩種不同的活動，異化可能對後者比對前
者更爲必要。「雖然革命領袖往往從社會批判
家開始，大多數社會批判家卻並不以作爲一個

革命者而告終。」[13] 人文主義作家伊拉斯謨斯
（Erasmus）、托爾斯・摩爾（Thomes More）
和約翰・科利特（John Colet）都是社會批判家，
但沒有一個是異化分子，也沒有一個是革命家；
法國哲人（French Philosophes）是批判家，但他
們在巴黎的沙龍甚至在歐洲的宮庭中都感到十
分愜意；在當代，沙特也許想成為一個革命家，
但這樣的機會從未出現，儘管菲德爾・卡斯楚
（Fidel Castro）可能比腓特烈或凱瑟琳大帝更
歡迎他。援引波維萊塞（Jacques Bouveresse）的
術語，華爾澤形象地但又不失刻薄地把西班牙
的加塞特（José Ortegay Gasset）、美國的萊昂
納爾・崔寧（Lionel Trilling）、德國的哈伯瑪
斯，甚至馬庫色（Hebert Marcuse）和米歇爾・
傅柯（Michel Foucault）當代社會批判家稱作「官
方的邊緣者」（official marginality），並認為
這一稱謂不但適合現代自由社會的批判知識分
子，而且同樣適用於前現代或前自由社會中處
於類似地位的人。[14]

　　華爾澤注意到，如果把異化理解為一種心

理狀態而不是社會條件，那麼就可以正當地把
「批判者」這樣的術語應用到馬庫色和傅柯身
上。但我們不要把異化、憤怒和敵意與批判本
身相互混淆。在某種意義上，任何批判者都是
從他所批判的社會中異化出來的，都是與他自
得的和自我滿足的同胞不和。

　　在《解釋與社會批判》一書中，華爾澤寫
道：「社會批判是一種社會活動。『社會的』
具有一種須先提到的（prenominal）和反思的功
能，與同時提到主體和對象的『自我』在『自
我批判』中的功能相當類似。無疑，社會本身
並不會批判自己；社會批判者是個別化的人，
但在大部分時間裡，他們同時也是對其他參與
談話的成員發表公開談話的成員，他們的言論
構成對集體生活的狀況進行集體反思。」[15]所
有的批判都預設，作為人類行為的結果，事物
可能會比現在更美好。與對行為的批判不同，
對制度的批判必須包含對「為什麼所建議的改
革將能處理其所引起的怨言和牢騷的社會理
論」。

　華爾澤認為，批判的本質是解釋，社會批判表達了人們對他們應如何生活的最深層理解，因為人們的期望和現實之間總有距離，因此這種理解形成了批判的基礎。由此必然得出，不同社會的社會批判內容是不同的，每個社會都有正當的希望和志願，批判是多元化的活動。可以把這種思想理解為對《正義的領域》中表達的「正義原則是……歷史和文化特殊主義的不可避免的產物」的普遍化。

　由於比柏拉圖主義的選擇產生了更好的結果，華爾澤認為解釋的方法在英美主流哲學中是更值得尊敬的。為了闡明他理想的社會批判和柏拉圖主義的區別，華爾澤借用柏拉圖的洞穴之喻，把批判者的社會位置區分為「局內人」（insiders）和「局外人」（outsiders）。對解釋作為社會批判的方法又有兩種選擇，一種是發現（discovery）的態度，另一種是發明（invention）的態度。發現的態度的典範是宗教天啟及如功利主義這樣的世俗變種；發明的態度最廣為人知的第一流形式則是羅爾斯的正

義論。

在前面討論複合平等觀時，我們已經涉及到華爾澤對羅爾斯差別原則的批評。在這裡強調的是，把羅爾斯的理論稱作與作爲「解釋的道德」相對的「發明的道德」，是一種極大的誤解，是對羅爾斯原初狀態設計的曲解。事實上，羅爾斯是從他認爲他的讀者所廣泛共享的隱含在公共政治文化中的許多基本理念開始的，他試圖創造一種選擇的情境並在其構造中包含這些基本理念。不管羅爾斯是否能成功地做到這一點，他的理論（特別是其晚近的發展）充滿了華爾澤所謂解釋的精神，則是毋庸置疑的。[16]羅爾斯透過發掘和揭露美國政治建基於其上的廣泛共享的後啓蒙運動（Post-Enlightenment）觀念，表明這些觀念對幾乎所有的不平等形式都具有破壞性的作用。

華爾澤把羅爾斯排除在所謂「批判的聚會」之外的另一個理由，也許是後者承諾了一種大量使用抽象觀念的政治哲學。也許就是針對華爾澤的責難，羅爾斯在《政治自由主義》中援

引柯恩（Joshua Cohen）對華爾澤的「簡單社群
主義的兩難」的批評，為他的政治哲學的抽象
傾向進行辯護。羅爾斯指出，正是各種深刻的
政治衝突促使我們做這種抽象工作。當華爾澤
所謂我們共享的政治理解瓦解時，當我們自己
內部已經四分五裂時，「抽象的工作就不是無
緣無故的，並不是為抽象而抽象……我們應當
了解，衝突愈深刻，抽象的層次就愈高；我們
必須提升我們的抽象層次，以獲得一種對衝突
根源明白無誤的觀點。」[17]羅爾斯正是用他具
有高度抽象性的政治哲學，以一種系統的方式
回應了文化多元社會的真實困境。

　　如同布萊恩・巴里（Brian Barry）所揭示
的，華爾澤的這種誤解也許是由於他找不到不
必承諾柏拉圖主義而又能超越特殊主義的道
路。但如同斯特勞森（P. F. Strawson）所表明的，
在政治哲學中也許有許多種真理，而不只是一
種真理：[18]也如同華爾澤自己所強調的，多元
主義本身並不要求我們贊成每一種提出的分配
標準，或接受每一種可能提出的分配動因，而且

折衷主義（eclecticism）本身並不一定會導致特殊主義和相對主義。

饒有興味的是，華爾澤最近發表的〈市民社會的思想—社會重建之路〉似乎表明華爾澤本人深諳折衷主義之三昧。

在這篇文章中，華爾澤試圖回答在一、二百年前就已經擺在政治理論家和道德哲學家們面前的問題，即什麼才是造就美好生活的土壤和環境？我們應該向創建那種制度而努力？在推薦他所贊同的市民社會理論之前，華爾澤先考察了十九世紀和二十世紀對這個問題所提供的四種不同的答案。

首先是來自左翼的兩種答案。第一個答案認為，造就美好生活的最佳環境是建立政治共同體即民主國家，政治上積極活躍、共同勞動和集體決策是公民最高的榮耀。盧梭把公民身分作為道德動因來理解，是民主理想主義的主要源泉，工聯主義、社會民主理論以及當今美國那些「鼓吹公有制社會的人」，對公民美德的呼籲和對早期共和政策的嚮往，都是這種思

想的表現。華爾澤認為，對如何造就美好生活
問題的上述第一個答案的尖銳批評是，那種生
活並非不好，而是那種生活並不是當今世界大
多數人的「真正的生活」。第一，民眾統治在
很大程度上是一種幻覺，普通男女參與國家活
動大多是代理性的；雖然由於那些積極參與的
公民不斷追求和爭取，民主國家的權力已成長
壯大，但仍不能說國家已經完全掌握在公民的
手中。第二，即使撇開共和社會意識形態的片
面性不談，政治也沒有完全吸引住本應是其主
角的公民的注意力。

　　第二個來自左翼的觀點即是馬克思提出的
社會主義的答案。這種觀點認為，造就美好生
活的良好環境應當擺脫共和政治，把注意力集
中在經濟活動上。生產力一旦獲得解放，人們
就不再對政治產生興趣。在這之前，政治鬥爭
是經濟衝突在上層建築裡的反映，民主國家不
是造就美好生活的最佳環境，而是階級鬥爭的
溫床。如果這個理想得以實現的話，國家和政
治都將消亡，在那個時候，雖然某些行政管理

機構對協調經濟運作仍然是必要的，但馬克思拒絕將這個管理機構稱之爲國家。在華爾澤看來，這種合作化經濟的情景是建立在一個令人不可思議的背景上，這就是—非政治化國家、沒有衝突的協調、純事務的管理等等。

　　第三個答案即資本主義的答案，認爲造就美好生活的環境是市場。好的生活要義是能夠自行選擇，選擇本身就是自主的體現。能做出各種選擇的市場至多需要一小部分國家作用，這個國家作用不是「調節機構」，而僅僅是「警察機構」。華爾澤認爲，自主是一個有高風險的價值，許多人若要實現這個價值都離不開依靠朋友的幫助，但市場並不是一個相互幫助的好環境。雖然不能說自主必然淪爲自我主義，但在市場中，自主無助於產生社會的凝聚力。因此，資本主義在這個理想形式下，同社會主義一樣無助於公民的權利和義務。

　　第四個答案即民族主義的答案，是一種對市場的非道德和不忠誠的反應。根據這種觀點，最佳的環境是民族的領域，在民族中我們都是

忠誠的成員，血緣和歷史把我們相互聯繫在一
起。民族主義認為，過美好的生活就是和別人
共同緬懷、發展和繼承民族的遺產，作為一個
有機整體中有著可靠成員身分的一員是最好不
過的事了。最珍貴的價值是對民族和歷史的強
烈認同。但華爾澤認為，除了解放運動以外，
民族主義沒有別的什麼綱領，只有一個延續歷
史的模模糊糊的使命，以維持「生活方式」。
民族主義的熱烈感情很容易演變成對別的民族
的對抗。越來越多的公民、工人和消費者易於
成為理想的民族主義者，說明了前面三個關於
美好生活的答案都存在著缺陷，但民族主義激
情的本質，反映出它本身也並不完善。

　　華爾澤認為，上述四種答案都忽視了人類
社會的複雜性，以及義務和忠誠兩者之間不可
避免的衝突。在華爾澤看來，美好的生活只有
在既有碎裂和鬥爭又有實在的真正團結的市民
社會裡才能實現。華爾澤所謂的市民社會是指
自願的人類社群空間，或充滿該空間的一系列
因家庭、信仰、利益和意識形態等緣故而構成

的關係網絡。市民社會的觀點是對前述四個關於美好生活的意識形態式解說的一種修正—部分拋棄、部分吸收。它向它們的片面性提出挑戰，而且本身也排除片面性。市民社會的社群生活是產生並驗證各種有關「好」的看法的實際土壤，也是證明這些看法是否偏頗、不完整及很不令人滿意的領域。

首先來看政治共同體和合作化經濟。這兩個關於美好生活的左翼看法，都蓄意低估了所有的社群（民眾和工人階級除外）。相比之下，市民社會的理論家則對社群和經濟持更為現實的觀點。他們更能適應衝突，更能適應政治對立和經濟競爭。對他們來說，社群的自由足以使一系列市場關係合法化，儘管這個市場關係不一定非是資本主義性質的不可。當市場和社群網絡完全融合、所有制形式也多樣化時，市場便成了一個經濟構造，這個構造與市民社會的理論完全一致。同樣，這個理論也足以使一種自由、多元的而不是共和的國家，即一個並不如此依賴公民美德的國家合法化。

　　其次，那些把市場當成美好生活最佳環境的理論家們的目的，就是要把市場作爲盡可能多的生活方式的實際環境。但在所有的資本主義社會裡，市場都有助於不平等，市場帝國主義越成功，不平等也就越大。但如果把市場牢固地置於市民社會之中，在政治上加以限制，對集體和個人創造性開放，其不平等的結果可能會得以限制。這一限制的準確性將取決社群生活（包括目前的政治共同體）的力度和密度。

　　最後，民族主義的性質同樣也在市民社會裡被決定了。在市民社會裡，民族群體同家庭和宗教共同體這兩個經常被現代派在回答美好生活問題時忽視了的社會構造，並存和相互重疊。正是由於這些群體與其他的群體互相交錯滲透，種類相似，但目的不同，才使得市民社會有希望馴化民族主義。在一個由單一民族占統治地位的國家裡，群體的多樣化也有助於使民族主義政治和文化走向多元；在一個多民族構成的國家裡，網絡的密度則能有效地阻止激進的極化。

　　華爾澤注意到，市民社會是在爭取宗教自
由的鬥爭中起源的。洛克認為是寬容磨鈍了宗
教衝突這把利刀。一旦賭注降低，人們也就不
那麼踴躍地冒險了。簡單說來，市民社會就是
一個賭注不高的社會。從原則上說，只有在為
了維持和平時才會採取強制行動。所有社群在
法律面前一律平等，但在市場中，這種形式上
的平等常常是毫無實質內容的；不過，在一個
有著信念和認同的世界裡，它卻相當真實。當
人們能夠自由地慶祝自己的歷史，緬懷其先烈，
哺育其後代時，他們要比失去自由時更少有敵
意。

　　華爾澤提醒人們要警惕伴隨著市民社會的
慶典所出現的反政治傾向。在華爾澤看來，社
群的網絡中包容著國家的權力機構。社會主義
的合作和資本主義的競爭都無法排斥國家，這
就是為什麼今天有這麼多持不同政見者都當了
部長的原因。無論在東方還是西方，新社會運
動（new social movement）已經把焦點放在生
態環境、女權運動、移民權利和少數民族權利

以及產品安全和工作環境安全等問題上，而不再像民主運動和勞工運動曾經表現的那樣，把目標放在奪取政權上，這代表著一個重大的轉變，無論在感覺上還是在意識形態裡，都反映出一種新的局部高於整體的價值觀，一個寧願解決實際問題而不是希求徹底勝利的意向。這是由於市民社會使國家成為易接近的，極權社會的崩潰才使市民社會的成員獲得了權力。

　　這裡涉及到了市民社會論點的悖論。公民身分是成員所行使的諸多角色中的一個，但是國家本身又和別的社群不一樣。它既組成市民社會的框架，又在其中占有一席之地。它確定所有社群活動（包括政治活動）的邊界條件和基本原則。它還使社群成員們超越他們自己美好生活的理論範疇，從共同利益的角度出發來考慮問題。市民社會需要政治力量，市民社會產生出差距懸殊的權力關係，也只有國家的權力可以與之抗衡。

　　只有民主的國家才能建立一個民主的市民社會；也唯有一個民主的市民社會才能支撐起

一個民主的國家。使民主的政治成為可能的文
明風氣只有在社群組織的網絡裡才能得到助
長；而維持社群網絡的大致相等和分佈廣泛的
能力則必須由民主的國家加以扶植。而對著龐
大的國家機器，公民，同時也是社群成員，將
力爭為自主的社群和市場關係謀求空間；但是
國家並非如自由主義理論家所說的僅僅是為市
民社會提供一個框架，它還是鬥爭的工具，被
用來形塑某個特定的公共生活形式。

　　華爾澤認為，要描述出一個完整的市民社
會計劃就必須借鑑所有其他的社會計劃，而不
能照搬它們的單一性。華爾澤〈市民社會的思
想〉一文的目標就是要說明：

　　（1）實現國家的權力下放，使公民能夠有
更多的機會為自己的活動負責。

　　（2）實現經濟的社會化，讓市場更加多樣
化，公私兼營。

　　（3）仿效宗教模式，實現民族主義的多元
化並對之加以教化，以不同的方式實現和維護
歷史的認同。

也許人們會覺得生活在市民社會裡就如同用散文體說話一樣平淡無味,但在華爾澤看來,正如用散文體說話意指對措辭法需要有一定的理解一樣,上述那些行動的方式(當它們多元化時)也意味著對文明風尙的理解,而對這種文明風尙的理解直至今日我們仍不能對之完全領會。

總的來說,市民社會本身是由許多比民眾或勞動階級或消費大眾或民族等小得多的群體支撐著的。所有這些群體都隨意四處分散著,隨意地自由結合。他們成爲由家庭、朋友、同志、同事等組成的世界的一部分,在這個世界裡,人們相互關聯,相互負責。沒有了這種關聯和負責,「自由和平等」便失去了我們原先想像中的吸引力。市民社會是工程中的工程,它需要許多組織策略和新型的國家行動。它要求一種新的對何爲局部、何爲特殊、何爲偶然的東西的敏感性,在所有這些中最主要的還是一種新的認識—美好的生活都是具體詳細的。

華爾澤的多元主義正義論以不同社群中的

人們對社會物品的多元主義理解爲基礎，廣泛
地探討了成員資格、安全和福利、金錢和商品、
公職、艱苦勞作、閒暇、教育、親情和友愛、
神恩（divine grace）、承認（recognition）和政
治權力這些不同的利益和價值，從而大大地豐
富了複合平等觀的內容。較之主要著眼於經濟
平等的羅爾斯正義論，華爾澤有力地推進了人
們對於平等的理解和認識。簡單的平等對均質
化的追求使得社會在國家主義和私人特權之間
不斷地搖擺，而複合的平等則是暴政的天然敵
人，這種見解中無疑包含著深刻的政治智慧。
在以美好的生活爲鵠的，以市民社會爲立足點
對民主主義、社會主義、資本主義和民族主義
的批判、揚棄和折衷之中，同樣體現了華爾澤
對於政治的目標和生活的意義睿智的洞見。

　　華爾澤的社群主義學說被譽爲當代政治理
論的詮釋學轉向中的重要代表。但應當指出，
既然華爾澤論證了存在著社會物品意義的互爲
競爭的解釋，那麼，他也只能把他自己對這些
意義的解釋僅僅當作一種解釋，但華爾澤似乎

把他的解釋及其包含的原則當作是普遍共享
的。另一個進一步值得質疑的問題是，既然華
爾澤認爲一個社會的正義原則是植根於這個社
會中得到承認的對要分配的社會物品的解釋之
中的，那麼他似乎很難找到他所希求的批判的
立足點。因爲一種外在的批判（external criticism），
似乎仍然帶有與「詮釋學轉向」要加以克服的
康德的政治理論同樣「把正義理論與一個社群
已經擁有的豐富的倫理生活（ethical life）割裂
開來」的弱點。當然，華爾澤意識到這個問題，
他試圖把內在的批判（internal criticism）和外
在的批判區分開來，從而表明能夠透過我們的
傳統所包含的有差異的共享理解，對正義的原
則進行批判。但這種觀念仍然是建立在我們對
特定物品的社會意義及其分配原則的共識
（consensus）基礎上，而只要存在著對於社會
正義及其代表的原則多樣的和相互衝突的理
解，這種共識就不可能達到。一旦華爾澤堅持
認爲可以達到這種共識，似乎與他自己詮釋學
的出發點形成了矛盾。

　　在瓦諾克頗有份量的著作《正義和解釋》
所探討的華爾澤、羅爾斯、德沃金、泰勒、麥
金泰爾和哈伯瑪斯這六位當代政治理論的詮釋
學轉向的代表性人物中，正是泰勒代表了對詮
釋的衝突和困境進行深刻回應的社群主義的方
向。下一章將探討泰勒的理論。

註　釋

1. See J. Rawls, *Political Liberalism*, New York, 1993, pp.4-5.

2. M. Walzer, *Spheres of Justice: A Defence of Pluralism and Equality*, New York: Basic Books, 1983, p.3.

3. See R. Nozick, *Anarchy, State and Utopia*, New York, 1974, pp.149-50.

4. M. Walzer , op. cip. ,pp.7-10.

5. 參見馬克思，〈哥達綱領批判〉，《馬克思恩格斯選集》，第三卷，頁二九八~三一九，北京：人民出版社，一九九五年第二版。

6. M. Walzer , op. cip., p.28.

7. Ibid., p.314.

8. Ibid., p.XV.

9. L. Wittgenstein, Zettel, ed. by G. E. M. Anscombe and G. H. Von. *Wright*, Berkeley: University of California Press, 1970, No.455.

10. M. Walzer, 'Philosophy and Democracy', *Political Theory*, August,. 1991, p.397.

11. M. Walzer , op. cip., p.XIV.

12. M. Walzer, *The Company of Critics*, New York:

Basic Books, 1988, p.5.

13.Ibid., p.7.

14.Ibid., p.8.

15.M. Walzer, *Interpretation and Social Criticism*, Cambridge: Harvard University Press, 1987, p.35.

16.對當代政治理論中的詮釋學轉向的研究，請參見 Georgia Warnke, *Justice and Interpretation*, Cambridge: MIT Press, 1993.

17.J. Rawls, op. cip., p.46.

18.See P. F. Strawson, 'Social Morality and Individual Ideal', *Freedom and Resentment and Other Essays*, Methuen, 1974.

第五章
詮釋的衝突與承認的政治

在多倫多大學馬西學院（Massey College）和加拿大廣播公司（Canadian Broadcasting Corporation）合辦的「馬西講座」（Massey Lectures）上發表《現代性的隱憂》（*The Malaise of Modernity*）演講中，泰勒把現代社會形象地刻劃爲碎片化（fragmentation）的社會。在這部由哈佛大學出版社出版時更名爲《本眞性倫理學》（*The Ethics of Authenticity*）的通俗性作品中，泰勒以他對自我和語言的一貫性思考爲基礎，入木三分地揭露了現代性的三種隱憂。

第一種隱憂是個人主義。泰勒注意到人們在兩種意義上使用「個人主義」，即作爲一種

道德理想的個人主義和作爲非道德現象的利己
主義意義上使用的個人主義。泰勒在給予前一
種個人主義積極評價（挑戰舊的等級制度，促
進新的政治形式和經濟模式）的同時，指出後
一種個人主義實質是「傳統的視界」（traditional
horizon）消失後的一種衰退現象，雖然這「傳
統的視界」過去賦予了我們生活世界的意義。[1]
特別是瀰漫在現代社會的個人主義，更多地表
現爲一種可以分別稱爲政治原子主義、自戀主
義文化、道德主觀主義和相對主義無所依歸的
消極現象。「人們失去了寬廣的目標，因爲他
們只關注他們的個人生活。……換句話說，個
人主義的陰暗面是把自我放在中心位置，限制
了我們的生活，使之缺少意義，並對他人和社
會漠不關心。」[2]因此，泰勒也把這第一個隱
憂稱爲「意義的失落」。

　　第二種隱憂是工具理性的優先性（the
primacy of instrumental reason）。泰勒所謂工具
理性，是指人們爲達到既定目標而計算種種手
段、以最經濟的方式運作時所採用的那種合理

性。馬克思和韋伯探索了社會生活中的強而有
力的機械主義傾向，韋伯還把工具理性的宰制
性影響稱作「鐵籠」（the iron cage），這使有些
人得出「人們在面對非人格的力量時完全無望」
的結論。儘管在泰勒看來，工具理性的蔓延導
致「目標的遮蔽」（the eclipse of ends），但他
還是認爲這種結論是抽象和錯誤的，「我們的
自由程度並不等於零。關鍵是要考慮我們的目
標應該是什麼以及工具理性是否應當在我們的
生活中起比現在更少的作用。」[3]

　　第三種隱憂是自由的失落。這種隱憂的實
質是個人主義和工具理性結合一起在政治中產
生的可怕後果。只要當前的政府產生出有利人
們滿足私人生活的手段，並且廣泛地分配這種
手段，就只有少數人願意去積極參與自治
（self-government），而大部分人則寧願待在家
中滿足於自己的私人生活。泰勒認爲，在這種
情形下，我們面臨的是失去對自己命運的政治
控制（即托克維爾所謂政治自由）的危險，受
到威脅的是我們作爲公民的尊嚴。用托克維爾

所謂的「軟性專制」（soft despotism）來形容
這種現代模式的專制主義是最恰當不過了。這
種專制主義與舊時代恐怖和壓迫的暴政不同，
它的統治是溫和的和家長式的，它仍保持民主
的形式，進行定期選舉，但實際上每件事情都
是由人們對其幾無控制的一種巨大的監護性權
力所決定的。「一旦參與式微，一旦參與的媒
介（即橫向的社群）枯萎，就遺下個體公民孤
立地面對龐然的官僚國家，並且真正地感到毫
無力量。」[4]

　　在《現代性的隱憂》最後一章，泰勒認爲
現代性的三種隱憂的現實表現就是現代社會的
碎片化，「人們形成共同目標並加以貫徹的能
力逐漸減弱。……人們越來越少在一個共同的
計劃內，或以某種忠誠的態度與他們的公民夥
伴結合起來。」[5]儘管人們也透過某些局部的
社群結合起來，但局部的社群不能爲個人的自
我認同提供意義的視野，因此也不能形成一個
整合的社會。反過來，一個碎片化社會的成員
越來越難把他們的政治社會視作一個社群，因

爲他們所理解的社會是純粹工具性的。

可以看到，泰勒所描述的現代性的三種隱
憂涉及到深刻的詮釋的衝突（the conflict of
interpretations or interpretive conflict）的問題，
需要詳細的論證和說明；儘管《現代性的隱憂》
一書涉及了幾乎泰勒思想的所有論題，但由於
它主要是面向一般聽眾和讀者的普及性演講和
讀物，許多重要概念和關鍵性論題未能充分開
展，以下我們結合泰勒在各個階段和領域的代
表性著作，嘗試勾勒其思想發展的內在邏輯。

一、原子主義、消極自由與
　　分配正義

社群主義是在對新自由主義的批判中發展
起來的，這種批判可以粗略地分爲方法論、規
範理論及其現實應用三個層面，[6]其廣泛性幾
乎涉及自由主義政治哲學的所有論題，如個人
主義、平等主義、自我觀念、權利學說、自由

理論、分配正義等等。但如同我們在探討麥金
泰爾和桑德爾思想時已經指出的，社群主義一
致認爲權利優先論是新自由主義政治哲學的「阿
基里斯之踵」，泰勒則用「原子主義」（atomism）
一詞來刻劃新自由主義的根本特徵，並在對原
子主義批判的基礎上，進一步探討了詮釋的衝
突在消極自由和分配正義這兩個核心論題中的
表現。

　　〈原子主義〉原是泰勒爲麥克弗森教授的
紀念文集《權力、占有和自由》（*Powers, Possessions
and Freedom*, 1979）所撰寫的一篇文章，後收入
劍橋大學出版社一九八五年出版的泰勒文集第
二卷《哲學和人文科學》（*Philosophy and Human
Sciences*），現已成爲社群主義批判新自由主義
的經典文獻，「原子主義」一詞也因泰勒賦予
它獨特含義而在當代政治哲學中廣泛地流行開
來。

　　泰勒所謂的原子主義，廣義上是指「主張
把個人放在首位，認爲個人及其權利優先於社
會，而社會不過是爲了滿足個人目的而形成的

社會契約論」，這種理論起源於十七世紀，而十八、十九世紀中某些形式的功利主義儘管沒有採用社會契約的概念，但仍可看作是這種觀點的繼承者。當代某些社會契約論的復興者，以及如諾錫克那種把個人及其權利視作優先於社會，對社會作純工具化理解的極端個人主義者，也是政治原子主義的代表。

泰勒認爲，權利優先論是原子主義政治傳統的核心，而原子主義則可以說是權利優先論的理論基礎。一方面，正是這種權利優先論使霍布斯和洛克把個人權利當作評判政治結構和政治行爲的基本標準，也正是這種權利優先論把我們對社會的職責（obligation）視作是由我們的同意而產生的，[7]因而是衍生的、第二義的。另一方面，原子主義提供了一種使得權利優先論變得合理的對於人性和人類狀況的觀念，然而，一旦這種觀念付之闕如，權利優先論就顯得十分可疑了。

如同麥金泰爾一樣，泰勒堅持認爲原子主義是對亞里斯多德主義的一種悖離。亞里斯多

德認為，人是一種社會（政治）動物，即是說，人是不能脫離城邦單獨地實現他的自我滿足（self-sufficiency, autarkeia）的，而原子主義恰恰斷言了這種自我滿足的可能性。

鑑於自由主義與新自由主義理論的內部複雜性，泰勒後來曾經反覆表示，〈原子主義〉一文主要是針對以諾錫克為代表的權利理論模式的。下面我們就來看一下泰勒對這種權利優先論的批判。

首先，泰勒認為，權利優先論並不具有它所宣稱的絕對性和普遍性，毋寧說它是相對於「把某些性質和能力視作道德上有價值的這種必不可少的概念背景」的，而沒有這種概念，說權利優先就不會有任何意義。因此，如果我們依據某些特定的人類能力（如忠於自己的信仰，自由選擇自己的生活方式），把權利歸屬於人類，而同時又否認這些能力應該得到發展，這就是不可理喻，不能自圓其說的。

且不論「顯然存在著對於特有的人類能力具有廣泛差別的觀念，因此對於把什麼視作權

利也同樣言人人殊」，[8]很有說服力的是，人
們不可能外在於社會或某種特定的社會而能發
展他們特有的人類潛能。對「人們如果不斷定
某種人類能力是有價值的，就將不能歸屬自然
權利」的論證是有規範性後果的，我們只能在
社會或某種形式的社會中才能發揮這些能力的
根據，就是我們應該歸屬於並支持社會或這種
形式的社會的根據。因此，權利優先論是依賴
於原子主義論題的，而一旦社會性論題（a social
thesis）是正確的，斷言權利優先就將是不可能
的了。

　　其次，一旦我們承認社會性論題是正確的，
我們就同時承諾了擁有的職責。職責具有與權
利同樣的基礎地位，兩者不能分開。具體來說，
如果我們斷言個人擁有自己獨立的道德信仰的
權利，我們就不能不顧社會性論題而斷言權利
優先，斷言我們並沒有生來就具有歸屬和支持
相當類型的社會的職責。這就是說，如果我們
主張某種權利，但同時又否認職責或者把它當
作可承擔的或可不承擔的，這將是不能自圓其

說的。但諾錫克式的權利理論恰恰作出了這種斷言。在泰勒看來，諾錫克沒有認識到斷言權利本身就同時包含了擁有的職責。而如果像霍布斯那樣把人僅僅理解作滿足自己的慾望的存在物，不給社會性論題留下任何餘地，那麼就大大限制了人們對於適當的人類生活形式（properly human life-form）的權利，而後者恰恰是人區別於動物的本質性的方面。人並不只是爲了活命才生存著的，私有財產之所以是必需的，只是因爲它是一種真正獨立的生活的根本組成部分。

可見，原子主義和社會性論題之間的爭論涉及到「人類的同一性應如何定義，如何確認」這樣的問題，對原子主義者來說，談論同一性及其在社會實踐中的狀況是思辨的，他們寧願停留在對人類權利清楚、明顯的直覺上；在社會性論題看來，沉溺於自我滿足的幻覺使得原子主義者不能認識到自由的個人，權利的載體只能透過他們與已發展自由文明的關係才能設想人格的同一性，而一旦認識到這一點，就必

然賦予自由的個人去恢復、支持和完善社會的
職責，因爲只有在這樣的社會中，個人的同一
性才是可能的。

　　與原子主義者滿足於對常識的直覺，依賴
於起源於十七世紀的把人理解爲非廣延的主體
（extensionless subject）、認識上的白板（epistemologically
a tabula rasa）、政治上沒有預設的權利載體
（politically a presuppositionless bearer of rights）的
哲學傳統不同，泰勒的社會性論題認爲原子主
義實際上觸及到職責的界定、自由的本質這樣
遠爲廣泛的內容，因此必然要求我們超出原子
主義的狹隘視界，探討主體的本質以及人類自
爲（human agency）的條件這樣基本的但又是
深刻的問題。在下一節詳細討論泰勒對人類自
爲的解釋之前，我們先來看一下泰勒對兩種自
由概念的梳理。

　　自從柏林在〈自由的兩種概念〉（Two
Concepts of Liberty）一文中，[9]在法國自由主義
思想家貢斯當區分古代人的自由和現代人的自
由的基礎上，進一步提出積極自由和消極自由

的著名區分以來，儘管有如列奧・斯特勞斯（Leo
Strauss）這樣的保守主義政治理論家認為「兩
種自由概念」之說無異於宣佈自由主義的危機，
也如諾曼・巴里（Norman Barry）在為《二十
世紀思想家：生平、著作和批評辭典》所撰寫
的「柏林」條目中指出的，柏林對於道德原則
的最終真理的懷疑論使他無力對相互競爭的價
值作出判定，[10]因為價值多元論無法保證自由
主義成立的絕對基礎，但還是有許多人被柏林
對積極自由的一元論、烏托邦和極權主義的批
評所感染，並認為消極自由正是西方自由主義
傳統的精髓。

　　在討論桑德爾對程序共和制和早期真正的
共和制的對比時，我們曾經指出，由於共和主
義的理想包含了積極自由的許多核心要素（如
參與自治），[11]因此對共和主義頗為嚮往的如
桑德爾、泰勒這樣的社群主義者，必然要對自
由主義者的消極自由觀念進行批評，但這種批
評的一個本質的方面，應該是與柏林相對闡明
的兩種自由有所聯繫，泰勒在柏林紀念文集《自

由的理想》（ *The Idea of Freedom* ）上發表的〈消
極自由怎麼了？〉（ What's Wrong with Negative
Liberty ）一文中就做了這樣的工作。

　　泰勒首先肯定柏林對兩種自由的區分具有
無可爭辯的重要性，因爲在西方文明中確實有
這樣兩種不同的自由傳統。消極自由即是個人
免於被他人干涉的自由，這裡的他人可以包括
政府、團體和個人。積極自由論者則主張在對
公共生活的集體控制中，也至少存在部分的自
由。

　　但是，泰勒認爲消極自由論者和積極自由
論者在論戰中都走向了某種極端。消極自由論
者指控積極自由論者否定在階級社會中存在真
正的自由，而爲進入一個無階級的社會，一個
人可以被強迫獲得自由，由此必然導致極權主
義和暴政。另一方面，如霍布斯和邊沁流則把
自由簡單地等同於外在的物理障礙或法律阻礙
付之闕如的一種狀態，這種被泰勒稱爲「頑固
的立場」（ the tough-minded version ）認爲如意
識匱乏、虛假意識、抑制等內在因素，是與自

由的爭論毫不相干的，他們把虛假意識導致較少的自由的說法視作對語詞的濫用。

在泰勒看來，消極自由論者對積極自由的那種極端的指控，至少低估了古典共和主義傳統的意義，對這種傳統來說，公民自治本身就具有積極的價值而不僅僅只有工具性的意義，托克維爾和《代議制政府》（*On Representative Government*）時期的彌勒也可以包括在這種傳統之中，這種傳統並不必然導致強迫自由那種可怕的教條。

反過來，極端的消極自由論者本身的主張忽視了後浪漫時代關於每個人的自我實現形式對於他或她具有獨特的意義這種觀念，後者正是對作爲個人獨立性的自由觀念的現代辯護中最強有力的因素。《論自由》（*On Liberty*）時期的彌勒爲這種個人自由觀念進行了有力的辯護。但是，一旦我們承認自由應當包括任何如根據我自身的方式自我完成（self-fulfilment）、自我實現這樣的因素，那麼很顯然內在的原因會如同外在的障礙一樣妨礙我們實現自由，而

承認這一點是和如霍布斯和邊沁那種「頑固的
立場」相矛盾的。

　　耐人尋味的是，在消極自由和積極自由的
兩種極端立場之間，又有某種不對稱性，這就
是說，「強迫自由」（forced-to-be-free）是積
極自由的反對者試圖強加給積極自由倡導者的
罪名，而消極自由論者自己卻樂於採納那種極
端的霍布斯主義的立場。泰勒認為，這就是柏
林在他的雄文中以贊同的口吻援引霍布斯和邊
沁的原因。[12]泰勒的文章就是要化解這種吊詭
的現象。

　　泰勒認為，要做到這一點，就需要以一種
與柏林不同的方式規定積極自由和消極自由的
差別。在泰勒看來，我們可以把積極自由理解
為一種「運用性概念」（an exercise-concept），
而把消極自由理解為一種「機會性概念」（an
opportunity-concept）。[13]

　　所謂運用性概念，就是把自由理解為本質
上包含了對控制個人生活的能力的運用的概
念，根據這種理解，一個人的自由程度視他有

效地規定自己及其生活方式的程度而定。所謂
機會性概念，就是把自由理解爲與什麼是我們
可以做的，什麼是我們可以選擇的，以及我們
是否進行這種選擇相關的概念，這就是說，自
由在於沒有障礙，沒有障礙是自由的充分條件。

　　但是，關鍵在於一旦我們承認消極自由亦
包括關於自我實現的某種概念，那麼說消極自
由必然依賴於前面那種機會性概念就大成問題
了。如果一個人被認爲是自由的，這必然包括
某種程度的運用性概念。具體來說，如果我們
把內在的內素當作與外在的因素一樣是自由的
障礙，那麼沒有某種程度的自我實現，我們就
將不能克服這種內在的障礙。

　　進一步，即使說消極自由既可建立在機會
性概念亦可建立在運用性概念上，那麼這對積
極自由肯定不是真的，因爲把自由理解爲至少
部分包含集體性自治的觀念，從根本上說這就
是建立在運用性概念的基礎上的。如果堅持如
霍布斯那樣的「頑固性立場」，只承認機會性
概念的自由，那就沒有給積極自由的成長留下

任何餘地。

　　誠然，消極自由似乎比積極自由更明顯地依賴於我們的常識和直覺，這種直覺就是：自由常常是與我們做某事或其它的事的能力以及沒有這樣做的障礙相關的。而且，把這種自由視作防止極權主義威脅的最後一道防線也是頗為謹慎的，但問題是，這道「馬其諾防線」（Maginot Line）最後能否守住？泰勒的回答是否定的。

　　泰勒認為，自由的機會性概念的優點是它的簡單性；自由的運用性概念則要求我們對動機進行區分。一旦我們接受了自由實現的觀念和自由的運用性概念，一個人能做他想要做的就不再是我們可判定他自由的充分條件了，因為這種觀念給人的動機附加了條件，只有做我們真正想做的，只有符合我們真實的意志，只有滿足我們的本真的欲望才是自我實現，從而才是自由的。凡此似乎暗示了個人並不一定是判定他是否真正自由的最後權威，也正是這一點引起消極自由論者的警戒。但在泰勒看來，

一方面，由於存在著辨別本真性慾望的遠爲廣泛的基礎，運用性概念並不一定要依賴於關於高級自我和低級自我的形而上學教條；另一方面，由於一種不包含對動機性進行某些質的區分的自由概念是站不住腳的，因此，消極自由論者的「馬其諾防線」仍然是守不住的。

　　首先，即使我們把自由僅僅理解爲外在障礙的不存在，這也仍然要求我們根據對自由的影響的嚴重程度把不同的障礙加以區分，而這種區分只有相對於我們認爲某些目標和行爲比另一些更有意義、更爲重要這樣的背景理解才能作出。但是，一旦我們需要求助於「意義」（significance，或重要性）概念就意味著我們必然要超越只允許純粹量化的判斷，沒有給「意義」概念留下位置的霍布斯主義的概念圖式，自由就不再只是外在障礙付之闕如的一種狀態，而應該是對有意義的行爲的障礙付之闕如的一種狀態。這是因爲人是一種目的性的存在物，我們對較爲重要的自由和較爲次要的自由進行區分，是建立在對人的目的進行區分的基

礎上的。

其次，即使我們把霍布斯主義對自由的理解修改成對我本真的欲望的內在的或外在的障礙付之闕如的一種狀態，「馬其諾防線」也仍然是守不住的。消極自由的辯護者作出這種折衷和讓步的目的是想排除對何謂我的本真欲望的外在的仲裁者。他們的方法是把我們的感覺（feelings）完全理解成動物性的事實。但實際上，我們的感覺都是承載著特定的意義的，這就是為什麼羞恥和害怕是不適當的甚至非理性的，而疼痛和顫抖則不然的原因。泰勒把這種情形稱作「歸屬意義」（import-attributing）。[14]而一旦承認我們的情感生活大部分是由歸屬了意義的欲望和感覺組成的，就必須承認在對所謂本真的欲望的體驗上我們是會犯錯誤的。

可見，如同泰勒在批判原子主義時闡明的，論證「頑固立場」的消極自由理論是站不住腳的，它同樣要求我們對人的本質有一恰當的理解。在正面涉及這一論題之前，我們再來探討泰勒為回應分配正義問題中出現的詮釋的衝突

而提出的「調節」（accommodation）的觀念。

　　我們在第二章曾經討論了麥金泰爾以應得和賞罰概念爲基礎，對當代分配正義理論中羅爾斯和諾錫克這兩種並駕齊驅的模式的批判。在麥金泰爾看來，羅爾斯和諾錫克的基本前提和結論的不可通約性和互不相容性是詮釋的衝突的深刻表現。基於每一種傳統都需要詮釋的多元性的認識，[15]麥金泰爾試圖透過回溯西方社會中的道德、政治文化傳統並對之加以綜合來回應這種詮釋的衝突。可以說，泰勒對分配正義的探討與麥金泰爾頗有異曲同工之妙。

　　在〈分配正義的性質與範圍〉（The Nature and Scope of Distributive Justice, 1976）一文中，泰勒認爲，關於分配正義的爭論，是與人們對那些對人類而言的善的不同解釋和評價相關的，也是與人們對如何實現這些善的不同觀念相聯繫的。泰勒把對這種關係的洛克式的或原子主義的觀點與亞里斯多德主義的或社會的觀點區別開來。根據前一種觀點，人類的善包括如保護個人免遭別人攻擊這樣特殊的善，後者

被視作只是偶然地與人類的聯合聯繫在一起
的，換句話說，聯合的目的是幫助個人實現他
們的善，但這些善本身並不要求聯合。而根據
亞里斯多德的觀點，追求人類的善的根本條件
是與社會有密切的聯繫的，因為個人從社會中
得到的並不是實現他的善的某些幫助，而恰恰
是他作為一個自為者（an agent）追求善的可能
性。[16]

　　因此，洛克式的正義原則的關鍵之處在於
對社會目標的平等滿足的概念。對洛克來說，
這種平等滿足意味著對個人的生命、自由和財
產的同等程度的保護，而不管它所保護的原來
的財產分配形式是多麼不平等。當代的洛克主義
者發展了泰勒所稱的「貢獻原則」（the contribution
principle）。根據貢獻原則，正義排除對收入的
更大程度的平等追求，也排除根據需要對善進
行分配的原則。天賦更高的人和受過更好訓練
的人由於他們對社會作出了更大的貢獻，並提
高了其他人的低下生產能力，就應當比那些天
賦較低的和受過較少訓練的人得到更高的報

酬。然而根據亞里斯多德主義的觀點，社會中的每個人同樣地受惠了他們所共享的生活方式，因此在對善的分配上，就要求比洛克式的觀點有更大程度的平等。在泰勒看來，在當代，諾錫克是洛克主義的代表，而羅爾斯和華爾澤則是亞里斯多德主義的代表。

泰勒認為，分配正義問題上的洛克主義和亞里斯多德主義的衝突是相當危險的。這是因為，當社會經濟成長水準較高時，我們也許能在貢獻原則得到保證的同時，運用公共儲備對最突出的不平等現象進行補償。但當持續的成長變得困難時，不滿和牢騷的增加就會透過訴諸對社會聯合的善的種種特定的解釋表現出來，「兩邊都認為『制度』是不合理的和非正義的」。[17]

但是，在泰勒看來，重要的是認識到，衝突的兩方都對應於「我們的社會經驗的一個方面」。[18]一方面，我們可以如羅爾斯在為他的正義第二原則（即差別原則）辯護時那樣，合法地主張個人的特殊天賦和能力是社會財產，

因此，不平等只有當它能夠增進處境最差者的善時才是正當的。另一方面，對天賦和能力的個人主義解釋也是可能的。但是相應地，如果我們只依賴於「互惠的平衡」（balance of mutual indebtedness），就會無視貢獻原則和比例平等觀念的有效性；而如果我們只依賴於個人主義的解釋，就會忽視對個人的理解是依賴於社會意義的網絡的，如特定的民主制度、公民的某些共享觀念、觀念的自由交換的可能性、管理公共事務的責任感等等。

　　那麼，應該如何回應這兩種相互衝突的觀點？這個羅爾斯在對近二百多年來西方政治思想中的洛克遺產和盧梭遺產進行裁定時碰到的問題，麥金泰爾在對西方各種不同的道德傳統及每種傳統的不同的解釋進行綜合時碰到的問題，華爾澤在闡明對社會物品的不同的解釋時碰到的問題，也同樣地擺在泰勒前面。泰勒的回答是，我們所要尋求的並不是完全一致，而是某種調節。

　　調節的基準是某些關於西方社會的普通性

事物，「所有的或極大部分（西方社會）都是
支持個人自由和共同協商的意義的共和制社
會；同時，所有的或大部分的社會都被它們的
成員體驗爲促進個人幸福的合作的事業。第一
個方面是平等的共享的基礎，第二方面是我所
說的貢獻原則的基礎。正義要求賦予兩個原則
以適當的比重。」[19]

　　但是，我們究竟應該如何給予兩個原則以
適當的比重？換句話說，泰勒所謂調節究竟應
該怎樣進行？羅爾斯用正義第一原則滿足洛克
主義的解釋，用第二原則滿足盧梭主義的要求；
華爾澤則主張把貢獻原則限定在市場範圍內，
民主社會的成員間在財富和收入上的巨大差別
只有當它們不威脅到相當的醫療條件、教育條
件和政治權力時才是可以允許的。但泰勒似乎
沒有清楚地回答這個問題，他只是建議貢獻原
則應當與更多的平等主義的考慮結合起來。實
際上，泰勒的立場是，我們需要超越分配正義
的視野，「哲學能夠對這一洞見有所貢獻。」[20]
如同在對原子主義和消極自由的批判中已經暗

示的，這就是需要我們重新理解人的本質。泰勒的另一部文集《人類自為和語言》（*Human Agency and Language*）及一九八九年出版的《自我的起源》正是朝著這一方向的努力。

二、「人類自為」的解釋

由於政治哲學和道德哲學的理論結構是圍繞著個人（或自我）與社會（或社群）的聯繫建立起來的，因此，對自我的理解構成了新自由主義和社群主義的一個重要理論支柱。

與麥金泰爾從歷史敘事角度、桑德爾從互為主體哲學角度、華爾澤從社群成員資格角度探索自我的規定性不同，泰勒把他圍繞自我和語言的探索方向稱作哲學人類學（Philosophical Anthropology）的。[21]

泰勒的成名作《行為的解釋》（*The Explanation of Behavior*, 1964）是他宏大的哲學人類學計劃的第一步，從那時開始，「與行為主義在人的

自我理解」的論戰就成了泰勒學術思想的重要
背景。

　　一九八五年劍橋大學出版社出版的兩卷文
集導論中，泰勒明確承認他的學術生涯是從論
戰開始的。他所要反對的是隱含在關於人的科
學的極有影響的理論流派中的對人類生活和行
為的理解，這些流派的共同特徵是試圖依照自
然科學來設計人的研究。在泰勒看來，這些理
論流派陷入的困境在於：或者避開了令人感興
趣的問題，或者徒然把他們的才智和創造性用
在對顯而易見的東西的多餘的解釋上。行為主
義就是一個典型。

　　泰勒認為，還原論和自然主義是包括行為
主義在內的這些理論流派的共同特徵。根據還
原論，他們拒絕承認人類生活中某些重要的方
面，並試圖用其他方面的因素來解釋我們通常
依據這方面來理解的現象，比如行為主義忽視
目的和意向性，甚至迴避意識。根據自然主義
的看法，不但人是自然的一部分，而且人和自
然都應當按照十七世紀的自然科學革命所確立

的準則來理解。比如應當避免運用「人類中心的」（anthropocentric）或「主觀的」（subjective）的性質，而應當運用「絕對的」（absolute）的性質來解釋事物，這兩種性質之間的差異相當於洛克在第二性質和第一性質之間所作的區分。[22]

照泰勒的觀察，自然主義論題不僅表現在科學的語言方面，而且影響到我們對人類自爲的理解。相對於此，泰勒提出了人是「自我理解的動物」和「能實施強評價（strong evaluation）的自爲者」這兩個論題，這兩個論題又透過對語言的存在論和詮釋學的後海德格主義（Post-Heideggerian）的理解緊密地聯繫在一起。

在〈自我解釋的動物〉（Self-interpreting Animals, 1977）一文中，泰勒從以下五個方面刻劃了人作爲自我理解的存在物的內涵特徵。

首先，我們的某些情感是包含了意義歸屬（that some of our emotions involve import-ascription）。這就是說，許多我們所經驗到的動機因素，包括情感和欲望，本質上是與一定

的對象聯繫在一起的，這就要求當我們描述這些情感時必須弄清它們包含的場景的意義，必須澄清賦予這些情感以規定性的判斷的性質。在這裡，「意義」（import）是指某物與主體的欲望、目的、願望或情感相關的方式。一方面，意義是情感的基礎；另一方面，情感本身也要由它與之相聯的意義來加以定義。這種主張的一個後果就是行為主義的理論模式將不能解釋這種意義歸屬。

其次，某些意義是歸因於主體或是與主體有關的（that some of these imports are subject-referring）。所謂歸因於主體或與主體相關的性質即是指依賴於經驗的性質。這種意義定義了我們的場景與我們的目的、欲望或願望相關的方式，這就是說，除非在一個具有目的存在物的世界中，否則「意義詞項」（import term）就是沒有意義的。比如，我們以為是羞恥的東西本質上必然是主體的性質，是與某種外在的物理威脅完全不同的；在事物對於主體具有情感意義的世界之外，詞項「羞恥的」就沒有什

麼意義。因此，對羞恥意味著什麼的解釋，必
然要求參照與經驗主體的生活世界意義相關的
事物才能作出。除了我是否感到羞恥這樣的問
題之外，還有是否這種場景是真正令人羞恥的，
以及我是正確的還是錯誤的、理性地還是非理
性地感到羞恥這樣的問題。

第三，我們的與主體相關的情感是我們理
解何謂人類這樣的問題的基礎（that our subject-
referring feelings and the basis of our understanding
what it is to be human）。由於與主體相關的情感
涉及到主體之為主體的生活，因而它們提供了
關於這種生活應當成為什麼樣的洞見，而後者
對於我們理解何謂人類這樣的問題是十分關鍵
的。

第四，這些情感是由我們承認它們的表達
所構成的（that these feelings are constituted by the
articulations we come to accept of them）。這就
是說，我們的自我理解（誤解）使得我們所感
受到的東西具體化，我們的情感使得「什麼是
對一個主體而言好的生活」這樣的問題向我們

開放。而後者又要求對我們的欲望和目標予以高下、好惡這樣質的區分，這種區分正是對我們的情感進行表達的本質的組成部分。

最後，我們將其當作詮釋的這些表達，需要語言（that these articulations, which we can think of as interpretations, require language）。語言之所以是根本的，就在於它使我們對於生活的本質的洞見成爲可能。說語言對於情感是構成性的，也就是說，體驗到某種情感的本身就包含了認識到某種描述，而這種描述可以運用到這種情感之上，語言表達了我們的情感，使得它們更加清楚，更加能夠定義。透過觀察即使同一種文化中的人們，只要擁有不同的詞彙，就會有不同的經驗，就會對語言塑造情感這一點留下深刻的印象。「人是自我理解的動物，這不只是說人有一種形成關於他自己的反思的觀點的不由自主的傾向，毋寧是說人常常是部分地由其自我理解亦即他對衝擊著他的意義的理解所構成的。」[23]

在〈何爲人類自爲〉一文中，泰勒進一步

對能夠實施「強評價」是人類自為的本質特徵
進行了深入的論證。

　　與泰勒一貫的理論旨趣相一致，「強評價」
理論就是為了反對認為可以單單依據人們的偏
好及滿足這種偏好的努力對行為和自為進行理
解的那種關於人類自為的觀點而提出的；與之
相反，「強評價」理論認為，那種強調自為者
對這些偏好的二級反思（second-order reflection）
的模式以及使得這種二級推理成為可能的評價
框架具有更大的合理性。

　　弗蘭克福特（Harry Frankfurt）在一九七一
年發表的〈意志自由和人的概念〉（Freedom of the
Will and the Concept of a Person）一文中曾經對
「一級欲望」和「二級欲望」（first- and second-
order desires）進行了區分。當我們形成一種欲
望，它的對象就是我具有的一定的（一級）欲
望時，這種欲望就是二級欲望。弗蘭克福特認
為，形成二級欲望的能力是人類的根本特徵，
正是這種特徵把人或人類自為與其他的自為者
區分了開來。這就是說，人類的獨特性就在於

能夠對欲望進行評價，把某些欲望視作可欲的
而把其他的視作不可欲的。

泰勒同意弗蘭克福特關於我們評價欲望的
能力是與自我評價的能力緊密聯繫在一起的，
而後者正是我們視爲人的自爲者樣式的本質特
徵這樣的觀點，並在此基礎上發展了關於強評
價的理論。

泰勒所謂強評價，關心的是對動機的質的
區分，對欲望的質的評價，亦即不同欲望的質
的價值的判定。相對地，一個強評價者（a strong
evaluator）即是一個能對他的欲望進行二級反
思的自爲者，他的實踐的深思熟慮（practical
deliberation）是由一種評價性區分的語言（a
language of evaluative distinctions）所指導的，
而不是由對追求既定欲望的可能的收獲的計算
所指導的。在很大程度上，強評價所運用的概
念並不是全然由個人的認可得來的，而是植根
於人類社群的傳統及其潛在的理解之中的，我
們則透過把它們作爲對欲望和情感的追求的外
在於我們的事物的內在美德的表達，而把握到

這些概念和術語。人類反思的一個重要部分即
在於把這種表達精緻化，並使它們更加接近它
們試圖表達的善。這種反思對我們的欲望施加
了影響，並塑造和指導我們的欲望，因此我們
的表達至少對關於這些受到影響的狀態有部分
的構成性意義。儘管我們以這種方式認識到的
善是多元的，但泰勒還是認為「一種系統化的
極度的善」（an architectonic 'hypergood'）能夠
使對多元的善的追求得到統一並相互融貫，這
種「極度的善」是自由、仁慈、信奉上帝這些
終極價值的源泉，並塑造和約束我們對較少終
極性的善的追求。[24]

　　要注意的是，強評價和弱評價（weak
evaluation）的區別，並不就是質的評價和量的
評價的區別，甚至其差別的關鍵亦不在於是否
存在二級欲望。這就意味著在弱評價中的動機
並不都是同質的，可由量化方法處理的，相應
地不由強評價處理的動機並不就是可以量化的
計算方法加以處理的。

　　功利主義就認為，強評價係建立在我們對

可以量化的偏好的混淆的基礎上，因此，一旦
我們去除了強評價，偏好就可以完全以量化的
計算方式來處理。

　　但實際上，認為可以清除對動機的質的區
分乃是功利主義的一種幻覺。誠然，功利主義
在快樂和痛苦之間進行了區分。但是，功利主
義沒有意識到在「可望完成的欲望」（desires of
desired consummations）之間進行區分。在功利
主義看來，快樂是可欲的，痛苦是令人生厭的。
但功利主義沒有能夠在「避苦」（avoidance of
pain）和快樂之間進行區分。強評價關心的恰
恰是這後一種區分。[25]正是這後一種區分反映
出我們在自我理解上深刻的衝突，體現了我們
對生活的深度（depth）的理解。

　　引進強評價和弱評價的區分就在這兩種評
價包含的對自我的理解方面形成了對照。誠然，
弱評價者亦有意志並具有最低限度的自我反思
能力，但他欠缺的是強評價者對生活的深度的
理解。

　　作為這種深度理解的表現，強評價者所

展現的評價性語言把不同的欲望描述為高尚的或低級的、完整的（integrating）或分裂的（fragmenting）、勇敢的或怯懦的、明察秋毫的或視若無睹的等等。也就是說，我們在強評價中把不同的欲望加以對照，在展現評價性區分的語言的強評價中，一種欲望被拒斥並不是由於環境因素，它是因為與另一種目標偶然地相衝突的緣故。比如，怯懦並不與我們去追求別的善的時間和精力相互衝突，怯懦也不能改變我的環境使得我不去追求它們。毋寧說，這種衝突是深層的衝突，而不是偶然的衝突。這關係到我們的動機究竟是什麼，我們如何真切地敘述事物對於我們的意義這樣的問題。功利主義試圖清除評價性語言的對照性特徵，挫平和均質化我們的生活目標，是一種「道德冒險的失敗」（a failure of moral nerve）。[26]

　　在〈自我解釋的動物〉一文中，泰勒曾經提出，對我們的欲望和目標進行高下、好惡這樣的區分，是對主體情感的表達的本質的組成部分，現在泰勒又強調，在對不可通約的欲望

和目標的反思性選擇的經驗中，獲得一種強評價語言即是對人們的偏好的表達，成為一個強評價者就是擁有對什麼是更可表達的加以反思的一種能力。強評價不但是對偏好加以表達的條件，而且是表達生活品質的條件，是表達我們是什麼樣的存在物和想成為什麼樣的存在物的條件。

　　歸結起來，泰勒的觀點是，一個根本不能對其欲望進行評價的自為者，缺少的是與人類自為聯繫在一起的最低程度的反思能力，後者是我們描述作意志的運用的背景中的關鍵的組成部分。進一步言，強評價的能力對於我們關於人類主體的概念是本質性的，沒有這種能力，一個自為者就缺少了對人性具有本質性的那種深度；沒有這種能力，人類的交往就是不可能的，而交往正是人類自為的另一個本質的特徵。

　　值得注意的是，在〈何為人類自為〉一文的後半部分，泰勒在二級欲望的概念基礎上，考察了另一個與自我密切相關的問題，即關於責任（responsibility）的問題。

一般而言，責任是與我們評價欲望的能力
緊密聯繫在一起的。在某種意義上，一個自為
者不但要視他的行動與他的評價的一致程度對
他所做的負部分責任，而且要對這些評價本身
負責。「評價」這一道德生活中幾乎可以說是
後尼采主義（Post Nietzschean）的現代詞彙暗
示了這一點。但在現代世界最有影響力的是試
圖從選擇（choice）來理解責任問題。「極端選
擇」（radical choice）的觀念在盎格魯—薩克遜
（Anglo Saxon）道德哲學中頗為流行，而對其
作了最強有力辯護的則是存在主義哲學家沙
特。

在《存在主義是一種人道主義》中，沙特
舉了一個著名的例子說明自由選擇與道德責任
的相關性。一個年輕人在留下來照顧母親和去
前線參戰之間面臨選擇，「一方面是同情，是
對個人的忠誠，另一方面，忠誠的對象要廣泛
得多，但是其正確性也比較有爭議。他得在這
兩者之間作出抉擇。有什麼能幫助他選擇呢？
沒有。」[27]因此，當這位年輕人來請教時，沙特

的回答是：「你是自由的，所以你選擇吧？」[28]

　　泰勒認為，沙特對道德困境的刻劃是頗有感染力的，但是，使它顯得合理的東西恰恰就是傷害它的東西。誠然，這位年輕人面對著兩種同樣強有力的道德要求，因而陷入了嚴重的道德困境。但是，一方面，完全不考慮相關選擇的可欲性的所謂極端選擇，很難被合理地稱作一種選擇。極端選擇的理論試圖在堅持兩種強評價（即前述兩種道德要求）的同時，堅持選擇的極端性、徹底性，試圖承認強評價，但同時又否認它們作為判斷和仲裁的地位，因此是不能自圓其說的。要嘛嚴肅地對待我們的道德決定（強評價）中涉及的相關考慮，要嘛使我們的極端選擇完全獨立於任何這樣的評價，從而它本身將不再是強評價的選擇，而僅僅成為對偏好的簡單的表達。另一方面，道德困境的形成恰恰是由於相關的道德要求並不是由極端的選擇所創造的。毋寧說，它們的重要性是給定的，是在得到證實（而非選擇）的評價中顯露出來的。極端選擇理論的真正力量來自於

存在著不同的道德圖景，存在著道德觀的多元性，而要在它們之間進行裁定是非常困難的。

在泰勒看來，一旦我們認識到極端選擇理論的困難，就會更加清楚地看到，與自我的概念緊密聯繫在一起的強評價，是我們關於自為者及其經驗的概念中不可避免的組成部分。

更為重要的是，與極端選擇論者缺乏一種評價的視野不同，一個強評價者不但根據欲望的完成，而且根據生活的種類，根據自為者的質量來評價生活的「深度」，而後者是與認同（identity）的概念緊密聯繫在一起的。[29]

根據泰勒的看法，我們的認同是由我們的基本評價來定義的。對「什麼是我的認同」這一問題的回答不能靠列舉出其他範圍內的一系列屬性，如物理特徵、出身、背景、能力等等來定義。所有這些都會出現在我的認同中，但它們是以一定的方式出現的。比如，我的門第對我十分重要，我為之感到驕傲，這是我的認同的組成部分，之所以如此的重要是因為我相信人們的道德品質在很大程度上是由他們的背

景來培育的，因此背叛一個人的背景就是以一種重要的方式背叛自身，背叛他的自我認同。

　　一言以蔽之，認同的概念是與和自我不可分離的一定的強評價緊密聯繫在一起的，它甚至就是由於這些與我們把自己視作自爲者不可分離的評價來定義的。

　　正是這種對自我的認同的深層的思考，構成了泰勒晚近探討「承認的政治」的一個重要的理論支柱。

三、尋求承認的政治

　　〈承認的政治〉原是泰勒在普林斯頓大學人文價值大學中心（University Centre for Human Values）發表的就職演講，後與蘇珊・沃爾夫（Susan Wolf）、史蒂文・洛克菲勒（Steven C. Rockefeller）和華爾澤三位著名學者的評論文章一起由阿米・古特曼（Amy Gutmann）編輯成《文化多元主義和「承認的政治」》（*Multiculturalism*

and 'The Politics of Recognition'）一書，由該校出
版社於一九九二年出版，並收入泰勒的最新文
集《哲學論證》（*Philosophical Arguments,* 1995）
中。

正如古特曼所編文集標題所暗示的，「承
認的政治」主要目標即是回應文化多元主義政
治的挑戰，「文化群體是否及如何在政治中得
到承認，是許多民主的和正在民主化的社會的
政治議程中最為突出和長期爭論的問題。」[30]

概括地說，文化多元主義政治是少數民族、
「賤民」（subaltern）群體和女性主義承認需
求的政治話語。就美國政治生活來說，爭論主
要圍繞著非裔美國人、亞裔美國人、土著美國
人和婦女的需要而展開。從全球範圍來看，在
冷戰結束後，種族、性別、民族—國家等問題，
以前所未有的尖銳程度凸顯出來。這些在後冷
戰時代出現的問題是與傳統的民族解放運動、
民權運動和婦女運動的語境截然不同，使得在
以權利自由主義形式出現的新舊自由主義理
論，和當代境遇中的族裔、性別及民族主義問

題以及民族法制國家內部以「尋求自主性」為
標記的新社會運動（包括分離主義運動）之間，
造成了巨大的真空，[31]或者說形成了強烈的挑
戰，在感受到這些問題對自由主義的理論前提
構成嚴重挑戰的情況下，社群主義理論家加入
這場爭論中。

　　正如哈伯瑪斯在評論泰勒的文章時所指
出，泰勒試圖揭示「當今重大政治問題的哲學
價值」，[32]接著我們來看看泰勒是如何使〈承
認的政治〉一文成為哈伯瑪斯所謂「傑出而罕
見的範作」。

　　如前節所述，「認同」問題是泰勒理論研
究的一個重心，《自我的起源》的副標為「現
代認同的形式」。在〈承認的政治〉一文中，
泰勒又是從揭示「承認」和「認同」之間的緊
密聯繫入手的。

　　「認同」一詞表示的是一個人對於他是誰，
以及他作為人的本質特徵的理解，根據泰勒的
看法，「這個命題的意思是，我們的認同有部
分是由他人的承認構成的；如果看不到他人的

承認，或者只是得到他人扭曲的承認，會對我
們的認同構成顯著的影響。」[33]

緊接著，泰勒以柏林倡導（並爲泰勒本人
推崇和身體力行）的觀念史分析方法，追溯了
有關承認和認同的話語是如何爲我們所熟悉並
成爲可以理解的。

在泰勒看來，有兩種變化一起決定了現代
人必然要重視認同與承認的問題。第一種變化
是作爲榮譽（honor）之基礎的等級制度的崩潰。
與和不平等有著內在聯繫的榮譽觀念不同，現
代的尊嚴（dignity）觀念是在平等主義和普遍
主義的意義上使用的。這種尊嚴觀是唯一適合
民主社會的觀念，對於現代民主社會來說，平
等的承認是不可或缺的，「民主開創了平等承
認的政治，在不同的歷史時期它表現爲各不相
同的形式，它在當前政治中的表現是，不同的
文化和不同的性別要求享有平等的地位」。[34]

另一種變化是十八世紀末產生的關於個人
認同的嶄新理解，泰勒引用崔寧的用法把這種
理想稱爲「本真性」（authenticity）理想。傳

統的觀點認為，對人的完滿存在來說，同某種本原——例如上帝或善的觀念——保持聯繫是至關重要的。但是現在，我們必須與之密切關聯的本原卻深深地植根於我們自身。[35]這是現代文化中的主體轉向（subjective turn）的一部分，其標記即是現代自我觀念的形成。如果說盧梭那種把道德問題表述為「聽從我們內在天性的聲音」觀點是這種自我觀念或個人認同的代表性表達，那麼為柏林和泰勒共同歆慕的德國浪漫主義時代的思想家赫爾德（Johann Gottfried Herder）則是民族本真性理想的創造者。「赫爾德是在兩個層面上使用他的獨創性概念：既適用於與眾不同的個人，也適用於與眾不同的負載著某種文化的民族。正像一個人一樣，一個民族（volk）也應當忠實於自己，即忠實於它自己的文化」。[36]這就是赫爾德被視作現代民族主義先驅者之一的原因。

在泰勒看來，與尊嚴觀念一樣，本真性觀念所促成的自我觀念和民族獨特性觀念的發展同樣反映了等級社會衰落的一個側面。在傳統

社會裡，認同是由等級身分和社會地位決定的，人人都視爲理所當然的社會範疇內在地包含了普遍的承認。因此，在以往的時代裡，承認從來沒有成爲一個問題。但是，現代認同卻不能先驗地享有這種承認，因爲現代社會，「自我」和「獨特性」都依賴交往才能獲得承認，「我的認同是透過與他者半是公開、半是內心的對話、協商而形成的……我的認同本質性地依賴於我和他者的對話關係。」[37]按照一種普遍的現代觀點，拒絕給予承認可以對被拒絕的人造成嚴重的傷害，而當代女性主義、種族關係和文化多元主義的討論，全都建立在拒絕「承認可以成爲一種壓迫形式」這個前提的基礎上。

在分別探討有關承認和認同在私人領域和公共領域的成長和表現之後，泰勒把他的論述轉向他文章的重心，即在公共領域闡明平等承認的政治曾經具有和可能具有的含義方面。

泰勒發現，平等的承認表現出了普遍主義政治（politics of universalism）和差異政治（politics of difference）兩種截然不同而又互有聯繫的形

態。前者是伴隨著從榮譽到尊嚴的轉移而來的，這種政治強調所有公民享有平等的尊嚴，其內容是權利和資格的平等化，這項原則最近贏得的最大勝利是六十年代的美國民權運動；後者是從現代認同觀念中發展出來的，它要求承認個人或群體獨特的認同，這種認同正在被占據統治地位或多數人的認同所忽視、掩蓋和同化。

這兩種政治的內在聯繫在於，支撐著差異政治的基礎正是一種普遍平等的原則—差異政治譴責任何形式的歧視，拒不接受二等公民的地位。然而，十分耐人尋味的是，差異性要求本身並不能被普遍主義的尊嚴政治完全吸收，因為「它要求我們承認並給以地位的是注定不能分享的東西。換言之，我們承認每個人的獨特性，只是對某種普遍存在的情況—人人皆有其認同—給以適當的承認。普遍的要求推動了對特殊性的承認。」[38]

雖然這兩種政治模式都建立在平等尊重的基礎上，卻是相互衝突的，「一種觀點認為，平等尊重的原則要求我們忽視人與人之間的差

異，這種見解的核心是，人之所以要求平等尊
重是因為我們都是人；另一種觀點則認為，我
們應當承認甚至鼓勵特殊性。前者指責後者違
背了非歧視性原則。後者對前者的指責是，它
將人們強行納入一個對他們來說是虛假的同質
性模式之中，從而否定了他們獨特的認同」。[39]
概言之，自由主義把無視差異的普遍性主義看
作是非歧視性的，而差異政治則認為「無視差
異」的自由主義本身僅僅是某種特殊文化的反
映，是一種冒充普遍主義的特殊主義。

　　可以說，這種現代民主政治的基本觀念所
包含的內在悖論正是我們前面揭示過的「詮釋
的衝突」又一深刻表現，〈承認的政治〉這篇
宏文正是為了回應這種衝突而作的。

　　饒有趣味的是，善於揭示當今重大政治問
題之哲學價值的泰勒，正是從他置身其中的加
拿大魁北克（Quebec）分離主義運動作為回應
這種衝突的契入點的。

　　魁北克是加拿大一個以法語居民為主的
省，魁北克政府以保存特性這個集體目標為由，

對魁北克居民施加了某種限制，例如規定非法語居民或移民可以在英語學校就讀，擁有五十名以上雇員的企業必須使用法語，以及規定不用法語簽署的商業文件無效等等。一九八二年，加拿大權利憲章增加了一個條款，承認魁北克為「特殊社會」，從而在某種程度上使其集體目標合法化。

這裡產生的問題是，對許多加拿大英語居民來說，一個支持某種集體目標的政治社會，對憲章或任何可以接受的權利條款是一個威脅。泰勒分別從實際後果和哲學理論兩個層面展開對這個問題的探討。

從實際後果的層面來看，首先，支持某個民族群體的集體目標，很可能會限制個人的行為從而侵犯他們的權利；其次，即使不至於踐踏個人權利，支持某個民族群體的目標，也被認為是具有內在歧視性的。因為，並非所有受某種司法權管轄的公民都屬於能從該司法權受益的民族群體。

在哲學理論的層面，泰勒對自由主義的價

值中立預設和個人權利優先論進行了批判。

　　首先，泰勒援引了德沃金對兩種不同的道德承諾即「程序性」（procedural）承諾和「實質性」（substantive）承諾的區分。德沃金認為，自由社會的特點在於，它作為一個社會在生活目標問題上不採取任何特定的觀點；相反，社會結合的紐帶是平等尊重所有人的強有力程序性承諾。簡言之，一個自由社會不能公開奉行某種的好生活觀念，它是在「什麼是好的生活」這一問題上保持中立的社會。但在泰勒看來，像魁北克這樣具有集體目標的社會與上述模式大異其趣。對魁北克政府來說，在魁北克保存和發展法語文化是件不證自明的好事，政治社會不能在以下兩種人之間保持中立，一種人贊成保存我們祖先的文化，另一種人為追求自我發展的個人目標不惜割斷與傳統的聯繫。因此，魁北克人以及那些給予集體目標以同等重要性的人傾向選擇一種不同的自由社會模式，按照他們的觀點，我們能以一種好的生活概念來組織社會，同時不歧視那些持不同觀點的人。

其次，泰勒認為，包含一種平等尊嚴政治
形式的權利自由主義，之所以無視差異是出於
以下兩個理由：一是它在界定基本權利的時候
運用統一的規則，沒有絲毫例外；二是它懷疑
集體目標。而魁北克這個個案清楚地表明，被
認為適用於不同的文化語境的模式，幾乎會要
求集體目標作出某種犧牲。「無可爭辯的事實
是，今天有越來越多的社會成為包含不止一個
文化共同體的多元文化社會，這些共同體全都
要求保存其自身的特性。僵化的程序性自由主
義在未來的世界上可能很快就行不通了」。[40]

作為對文化多元主義的妥協性反應，泰勒
建議接受這樣一種假設，即所有的文化都具有
同等的價值，「當我說上述論述是一個『假設』
的時候，我的意思是說它是一個邏輯起點，我
們研究任何其他文化都應當從這裡出發。」[41]
而文化多元主義者的要求則比這種假設要高得
多。即要求就不同文化的習俗和它們創造的價
值作出實際的判斷，例如要求把某些作品納為
經典，就包含了這樣的要求。但在泰勒看來，

文化多元主義者沒有權利要求我們對某種文化作出並判斷承認它有很高的價值，或者具有與其他文化平等的價值。「真正價值判斷的前提是不同標準的視界融合；在研究了他者的文化以後，我們會有所改變，不再僅僅是用我們原來所熟悉的標準進行判斷。倉促地作肯定的評價，不僅是屈尊俯就，而且是種族中心主義的，它之所以贊揚他者是因為他和我們有相似之處。」[42]

因此，一方面是關於平等價值的不可靠和同質性的要求，另一方面是種族中心標準（北大西洋文明的標準）中的自我封閉，包括〈承認的政治〉一文在內的泰勒諸多著述的目標，即是在無視差異的同質性要求和差異政治之間建立一種平衡，尋找「第三條道路」。[43]

就與權利自由主義的關係而言，究竟應當如何來把握泰勒推薦的「第三條道路」性質？考察哈伯瑪斯在〈民主憲政國家的承認鬥爭〉一文中對泰勒理論的批評將會有益於我們對這一問題的認識。

　　哈伯瑪斯設定的問題與泰勒完全一致，即建立在個體主義基礎上的權利理論是否能夠清楚地解釋那些堅持和強調集體認同的承認鬥爭？有意思的是，儘管哈伯瑪斯認爲如果權利政治把目光緊盯著保護私人自律，而無視私人的個體權利和參與立法的公共自律之間的內在聯繫，那麼，它就將在洛克意義上的自由主義權利典範和一種目光同樣短淺的社會福利國家的權利典範兩極之間無助地搖擺。但是，哈伯瑪斯對權利理論的態度仍然與泰勒截然不同。

　　哈伯瑪斯認爲，只要正確地詮釋權利理論，就會發現它不但對不平等的社會生活條件不是無動於衷，對於文化差異同樣也不是置若罔聞。在哈伯瑪斯看來，泰勒從個人的平等權利的法律保護角度來理解權利自由主義，就與程序性自由主義忽視私人自律和公共自律一樣，把自律概念一分爲二，而沒有考慮到，「法律的受眾（Adressate des Rechts）要想獲得（康德意義上的）自律，就應當能夠把自己視爲法律的制定者；而根據所制定的法律，他們又都是私法

主體。」[44]事實上，根據現代憲政的理性觀念，
個體的主觀法律概念和法律人格概念早已被設
定爲權利人（法人）概念。因此，現代法律所
保障的雖然是獲得國家認可的主體間承認關
係，由此產生的權利確保的卻是永遠處於個體
狀態的法律主體的完整性。而一旦賦予主體法
人一種主體間的認同，就能避免泰勒的或然性
解釋所造成的盲目性，「個人，包括法人，只
有經過社會化，才能充分地個體化。由此可見，
一種得到正確領會的權利理論所要求的承認政
治應當維護個體在建構其認同的生活語境中的
完整性。這點無需任何對立模式來從另一種規
範角度對個體主義類型法律體系加以修正，而
只要堅定不移地把法律體系付諸實現即可。」[45]

　　應當說，哈伯瑪斯建基於他的交往行動
（communicative action；或譯爲溝通行動）和
主體間性（intersubjectivity）理論基礎上的個人
主體和集體權利間關係的理解是十分獨特、深
刻的，受到德國古典思辨哲學傳統薰染的哈伯
瑪斯理論的深邃、透徹，即使高明如羅爾斯和

泰勒者亦難望其項背。但天下百慮一致，殊途
同歸。在哈伯瑪斯採用嚴格規範性描述必須加
以實踐性補充之時，也許正是泰勒那種不過分
高蹈揚厲的溫和風格略勝一籌之處。更重要的
是，在語言哲學和詮釋學中浸染甚深的泰勒與
哈伯瑪斯一樣把對話和交往看作是人類生活的
本質特徵，「我們認同的形成和存在終其一生
都是對話性的」，[46]所謂「承認的政治」正必
須在這種對話和交往的關係中才能得到理解和
實踐。

　　泰勒六十壽慶紀念文集的標題「多元主義
時代的哲學」（Philosophy in an Age of Pluralism）
非常貼切地刻劃了泰勒哲學的時代境遇和理論
關切。

　　泰勒著作中包含的深刻的智慧、真摯的道
德感以及對哲學傳統的複雜性卓越的洞見時常
使人聯想起二十世紀人文心靈的祭酒柏林。但
如同前面在討論自由的兩種概念時已經揭示
的，柏林意義上的多元論以及他對道德原則的
最終真理的懷疑論，使他無力對相互競爭的價

值作出判定。而泰勒的目標則是以一種更有建
構性、更富張力的方式，回應文化多元主義對
哲學在闡明和規整當今重大政治問題包含的內
在困境的能力的挑戰。

　　正如柏林在爲泰勒紀念文集所撰的導論中
指出的，他們之間的主要差異在泰勒基本上是
一個目的論者，相信人類甚至整個宇宙都有一
個基本的目的。透過前文闡述泰勒對原子主義、
消極自由的批判，對人類自爲的解釋，對本真
性倫理的辯護，以及對承認的政治的籲求，應
能體會到柏林所言不虛。泰勒的理論貢獻也許
正在於使我們認識到：「目的論的世界觀和非
本體的自由主義可以同時並存，因爲現代性爲
它們提供了不同的範疇。現代社會能夠依據非
本體論的自由主義建立正義的秩序，同時在這
一秩序之下沿著一定目的論世界觀的方向，培
育、教育社會成員以及整個社會。」[47]

註　釋

1.Charles Taylor, *The Ethics of Authenticity*, Harvard University Press, 1991, p.125.

2.Ibid., p.4.

3.Ibid.. p.8.

4.Ibid., pp.9-10.

5.Ibid., pp.112-3.

6.細心的讀者將會發現本書大致依照這三個層次對社群主義進行闡釋的。

7.Obligation 有譯為「職責」，亦有譯為「義務」，具體討論可見蕭陽，〈羅爾斯的《正義論》及其中譯〉，《哲學評論》第一輯，北京：社會科學文獻出版社，一九九三年，頁二五七～二五八。

8.Charles Taylor, op. cit., p.196.

9.〈自由的兩種概念〉原是柏林一九五八年十月三十一日在牛津大學膺任社會和政治理論教授的就職典禮上發表的演講，同年出版單行本，後又收入柏林的著名文集 *Four Essays on Liberty*（Oxford University Press: 1969），陳曉林先生將此著譯成中文《自由四論》，台北：聯經出版事業公司，一九八六年。

10.*Thinkers of Twentieth Century: A Biographical,*

Bibliographical and Critical Dictionary, ST. James Press, 1985, I. Berlin.

11.「照古典共和主義的傳統，人本質上是政治的人，即是一個要藉由參與自治共和國的活動來成就自我道德的公民。公共自由或政治自由，就是我們現在說的積極自由，意味著參政、議政。這種政治自由反過來又給保護個人自由和個人權利提供幫助。個人自由和個人權利現在又被稱為消極自由。在這種古典共和主義傳統裡，我們現代關於積極自由與消極自由的區別還不明顯，這兩種形式的自由仍常被看作是二者合一的。」，See Godon S. Wood, *The Radicalism of the American Revolution*, New York, 1991, p.104.

12.Charles Taylor, 'What's Wrong with Negative Liberty', *Philosophy and Human Sciences*, p.213.

13.Ibid.

14.Ibid., p.224.

15.G. Warnke, *Justice and Interpretation*, Cambridge: MIT Press, 1993, p.124.

16.Charles Taylor, 'The Nature and Scope of Distributive Justice', *Philosophy and Human Sciences*, p.292.

17.Ibid., p.307.

18.Ibid., p.311.

19.Ibid., p.313.

20.Ibid., p.317.

21.Charles Taylor, Introduction, *Human Agency and Language*, Cambridge University Press, 1985, p.1.

22.洛克認為，物體有能力使我們產生某些觀念，我們稱這種能力為性質，第一性質（primary qualities）「不論在什麼情形下，都是和物體完全不能分離的……所謂凝性、廣袤、形相、運動、靜止、數目等性質，我叫它們做物體的原始性質或第一性質」；第二性質（secondary qualities）「並不是物象本身所具有的東西，而是能借其第一性質在我們心中產生各種感覺的那些能力，如顏色、聲音、滋味等等。」參見洛克《人類理解論》，北京：商務印書館，一九五九年，頁一〇〇～一〇一。

23.Charles Taylor, 'Self-interpreting Animals', *Human Agency and Language*, p.72.

24.See Charles Taylor, *Sources of the Self*, Harvard University Press, 1989, pp.62-75.

25.Charles Taylor, 'What is Human Agency', *Human Agency and Language*, p.20.

26.Ibid., p.23.

27.沙特，《存在主義是一種人道主義》，上海譯文出版社，一九八八年，頁十四。

28.同前註，頁十六。

29.作為形而上學術語和一般哲學論題，Identity 常被

譯為「同一性」，在政治哲學和社會理論中則更常譯為「認同」。嚴格說來，認同應以同一性為前提，但在現代哲學語境中，人們似乎更傾向於認同是建立同一性的基礎，不表現為具體認同關係的同一性是抽象的、本質主義的，本書隨論題側重點之不同，酌採兩譯。

30.Amy Gutmann, Introduction, *Multiculturalism and 'The Politics of Recognition'*, Princeton University Press, 1992, p.5.

31.三好將夫（Masao Miyoshi）指出，冷戰結束以後在西班牙、蘇格蘭、印度和其他地區出現的分離主義運動與傳統的民族主義存在根本區別，這些運動與其說是民族主義（nationalism），不如說是族群主義（ethnicism）的表現。具體討論參見汪暉為《文化與公共性》所撰的導論，北京：生活・讀書・新知三聯書店，一九九八年。

32.T. Habermas, *Struggles for Recognition in the Democratic Constitutional State*，中譯見《文化與公共性》，p.362.

33.Charles Taylor, 'The Politics of Recognition', *Philosophical Arguments*, Harvard University Press, 1995, p.225.引據董之林、陳燕谷譯文，原載《天涯》一九九七年第六期、一九九八年第一期，後收入前引文集。

34.Ibid., p.227.

35.Ibid., p.227-8.

36.Ibid., p.229.

37.Ibid., p.231.

38.Ibid., p.234.

39.Ibid., p.236.

40.Ibid., p.248.

41.Ibid., p.252.

42.Ibid., p.255.

43.值得一提的是，「第三條道路」這一在歷史上曾由法西斯主義、泛阿拉伯主義使用過的名詞現在又被英國新工黨政府揀了起來。英國現任首相布萊爾（Tony Blair）出書闡述「第三條道路」；布萊爾的「思想之師」，現任倫敦政經學院院長安東尼・紀登士（Anthony Giddens）發表新著《第三條道路：社會民主主義的復興》，為工黨政府搖旗吶喊，好不熱鬧。據說，「第三條道路」是一種超越老右派的新自由主義個人主義和老左派社會民主主義所奉行組合主義的政治理論；「第三條道路」完全信奉啟蒙運動的理念，就是認為人類具有塑造自身社會的能力，同時有利用這種能力使社會不斷進步的義務；「第三條道路」的基本原則是個人自由必須以強有力的社群為基礎。考慮到布萊爾曾經說，「馬克思的社會主義既已死亡，社群主義便成為歐洲左翼復興的酵母」，我們就不能否認「第三條道路」的強烈的

社群主義色彩。參見〈法國《信使》周刊談「社區主義」〉，《國外理論動態》，一九九五年第十四期；韓旭，〈經濟學家：第三條道路〉，《讀書》，一九九八年第九期；並見《參考消息》一九九八年九月二十三日、十月四日、十月八日報導。

44.T. Habermas, op. cit., p.343.

45.Ibid., pp.343-4.

46.Charles Taylor, op. cit., p.231.

47.容迪，〈在自我與社群中的自由主義〉，《自由與社群》，北京：生活‧讀書‧新知三聯書店，一九九八年，頁六二。

結　論

　　阿倫・布坎南（Allan E. Buchanan）從以下五個方面概括社群主義對自由主義的批評：[1]

　　（1）自由主義貶低、忽視、削弱了社群，而社群是人類美好生活無可替代、基本的組成要素。

　　（2）自由主義低估政治生活的價值，把政治生活僅僅理解爲一種工具性的善，而無視政治社群中的完全參與，及其對於人類美好生活的根本重要性。

　　（3）自由主義沒有提供對那些並非選擇或不是通過契約和允諾而承擔職責和承諾的重要性的充分說明，比如家庭的職責以及支持自己

社群和國家的職責。

（４）自由主義預設了有缺陷的自我觀，沒有認識到自我是深植於並部分地由「不是我們所能選擇的公共承諾和價值」所構成的。

（５）自由主義錯誤地把正義拔高成「社會制度的首要美德」，沒有看到正義充其量只是在更高的社群美德已崩潰的環境中才被需要的「補救性的美德」（a remedial virtue）。

如同我們在前文指出的，社群主義是一種涉及面廣泛但聯繫又相對鬆散的綜合性社會思潮，這就使得「有多少社群主義者，就有多少種社群主義」的說法有相當的真實性。即使就本書詳加討論的所謂社群主義四大代表人物而言，他們本人亦很少自稱為社群主義者。還有人認為麥金泰爾並不屬於社群主義，甚至對社群主義持批評態度；華爾澤也被認為過於親近自由主義，並不是典型的社群主義者。[2]

但是，儘管有論者認為自由主義和社群主義的特徵就是相互諷刺，他們是什麼都只能由其對手來界定，[3]事實上，社群主義是政治哲

學晚近發展中與自由主義和新自由主義勢均力
敵的一種政治話語（political discourse）。因此
問題的關鍵是，社群主義是否對自由主義構成
了真正的挑戰，或提供了某種替代性選擇。

　　布坎南和古特曼對此作了否定的回答。前
者認為自由主義仍有足夠的理論資源回應社群
主義的挑戰，後者指責麥金泰爾和桑德爾誤讀
了羅爾斯的政治哲學，搞「二元論的暴政」，並
且認為自我和社會的對立是「虛假的爭論」。[4]
伯內斯則對自由主義和社群主義各打五十大
板，在他看來，如果說自由主義沒有充分考慮
個人權利的泉源及其正當性的證明，那麼，社
群主義則沒有涉及公民自律的性質和條件。伯
內斯敏銳地指出，應當區分開這場爭論中三個
不同的問題：一是正當優先於善的問題，二是
作為道德自為者的自我問題，三是政治理論和
制度的辯護問題。他並且試圖求助於哈伯瑪斯
的交往倫理學（communicative ethics）來重構
這場爭論。首先，應當把正義的問題和好生活
的問題分開；其次，自我並不必然如社群主義

所暗示的是原子主義，而是來源於後規約的道德推理（post-conventional moral reasoning）；最後，對權利的辯護，應依賴於對辯護問題的優先處理。[5]

　　十分明顯，伯內斯的理論思考表現出超越自由主義和社群主義抽象對立的強烈意向。饒有興味的是，泰勒在晚近發表的〈答非所問：自由主義—社群主義之爭〉（Cross-Purpose: The Liberal-Communitarian Debate, 1989）一文也表現出這種值得注意的傾向。[6]

　　泰勒認爲，在當代政治哲學中，以羅爾斯、德沃金、內格爾（Thomas Nagel）、斯坎倫（T. M. Scanlon）爲一方的自由主義和以麥金泰爾、桑德爾和華爾澤爲另一方的社群主義之間的爭論係基於一種真正的差別之上。但是，在這場爭論中存在著大量答非所問的現象和顯而易見的混淆，其原因就在於沒有清醒地意識到本體論論題（ontological issues）和辯護論題（advocacy issues）的差別。

　　所謂本體論論題關心的是我們解釋社會生

活時包含的要素，用抽象的術語來說，即什麼是解釋秩序中終極（ultimate）的東西。在這個層面上產生的是原子論者和整體論者（holists）的對立。

辯護論題關心的則是道德立場和政策選擇，在這一層面上產生的是個人主義者和集體主義者（collectivist）的對立。當然，沒有意識形態狂熱的人都會採取某種中間立場，但在德沃金支持的中立性自由主義和泰勒為之辯護的民主社會需要某種對好的生活共同接受的定義立場之間，確實存在重大的差別。

問題在於，這兩種論題並沒有嚴格的對應關係，也就是說，採納某一論題並不必然要求接受另一論題。正因為對兩者間的複雜關係沒有充分領會，桑德爾的《自由主義和正義的局限》這樣一部社會本體論的著作被自由主義者誤讀為「辯護性」的。而在泰勒看來，桑德爾自己對美國未來社會的規範性陳述是更多地表現在他後來發表的一系列關於美國政制自我理解的論文和著作中。當然，弄清桑德爾的本體

論觀點有助於了解他所辯護的真實立場，但混
淆這兩者只會使問題永遠得不到解決。事實上，
本體論立場不等於對某種東西的辯護，如果要
把這種純本體論的論題發展成辯護性的，還需
要深思熟慮的論證。

　　泰勒認為，造成這種混淆的重要原因是，由
暗示似乎只有一個論題的 Liberal 和 Communitarian
這兩個混成詞引起的。思想史的實際情況是，
既可以有諾錫克那樣的原子論個人主義者和馬
克思那樣整體的集體主義者，也可以有洪堡那
樣的整體論個人主義者和斯金納（B. F. Skinner）
那種稀奇古怪的原子論集體主義者。

　　在泰勒看來，擺脫這種困境的辦法是把我
們的注意力集中到程序性自由主義（procedural
liberalism）和公民人文主義傳統（civic-humanist
tradition）的區別上來。根據後一種傳統，「自
由」不是按照現代意義上的消極自由來理解的，
而是作為「專制」（despotic）的反義詞來理解。
這種傳統更加關心自由的條件、培育參與性制
度政治文化的條件。就其把自由的本質定義為

參與與自治來說，又可稱爲「共和主義論題」
（Republican Thesis），馬基維利（Niccolo Bernardo
Macchiavelli）、孟德斯鳩（Montesquien）和托克
維爾是這種傳統的代表。在「雅各賓」觀念吸
收政治自由的共和政體論傳統，但卻利用它抑
制公民社會之處，在「消極的」自由主義者全
然貶低政治自由的價值之外，「十九世紀最偉
大的孟德斯鳩的信徒」托克維爾，「重新系統
地闡述了分權背景下的共和主義自由理想」。[7]
泰勒並沒有隱瞞他對這第三種模型的喜愛之
情。

　　意味深長的是，在〈答非所問〉一文中，
泰勒拒絕抽象地討論兩種模式孰優孰劣的問
題，非此即彼的抽象選擇，使得馬克思早先的
信徒往往轉變成海耶克的狂熱追隨者，「問題
必須在每個社會的傳統和文化中得到具體化」。[8]
回到具體的歷史情境，回到我們的當下存在，
這也許正是社群主義給予我們的重要啓迪。

　　如果說政治自由主義充其量只是依賴的美
德（dependent　virtue），那麼社群主義需要做的

正是推出能夠被普遍接受的，需要復興的、正確的公民美德的具體內容。但社群主義目前仍在發展之中，它究竟能否超出從「永劫回歸」（eternal return to the same）到「價值虛無」的區間狀態（in-between-situation），我們拭目以待。

註　釋

1.Allen E. Buchanan, 'Assessing the Communitarian Critique of Liberalism', *Ethics*, 99（July, 1989）, pp.852-3.

2.華爾澤在為泰勒〈承認的政治〉一文所寫的評論中認為，存在一種普遍主義的原則，這種原則沒有在自由民主社會中完全地制度化，但又得到在整體上相信人類平等的人們的廣泛接受，明顯地表現出和自由主義的親和性，見 M. Walzer, 'The Politics of Recognition', *Multiculturalism and 'The Politics of Recognition'*.

3.See Mark S. Cladis, *A Communitarian Defense of Liberalism*, Stanford University Press, 1992.

4.Amy Gutmann, 'Communitarion Critics of Liberalism', *Philosophy and Pubic Affairs*, 14. No.3, 1985.

5.See Kenneth Baynes, 'The Liberal/Communitarian Controversy and Communicative Ethics', David Rasmussen, ed., *Universalism and Communitarianism: Contemporary Debates in Ethics*, Cambridge: MIT Press, 1990，更詳細的討論請見 Baynes 的近著，*The Normative Grounds of Social Criticism: Kant, Rawls, and Habermas*, State University of New York Press, 1992.

6. 泰勒此文亦可譯為「交叉的目的」，但由於泰勒文章的重心在於揭示自由主義對社群主義錯誤的反應方式，故這裡譯為「答非所問」。

7. 泰勒，〈公民社會的模式〉，《國外社會學》，北京：中國社會科學院社會學所，一九九四年第二期。

8. Charles Taylor, 'Cross-Purpose: The Liberal-Communitarian Debate', *Philosophical Arguments*, Harvard University Press, 1995, p.202.

參考書目

一、英文部分

Alasdair MacIntyre

　　1984　*After Virtue*, University of Notre Dame Press.

　　1988　*Whose Justice? Which Rationality?*, University of Notre Dame Press.

　　1994　'The Theses on Feuerbach: A Road not Taken', C.C. Gould and R.S. Cohen. eds., *Artifacts, Representations and Social Practice*, Kluwer Academic Publishers.

Amy Gutmann (ed.)

1992 *Multiculturalism and 'The Politics of Recognition'*, Priceton University Press.

Charles Taylor

1985 *Human Agency and Language: Philosophical Papers I*, Cambridge University Press.

1987 *Philosophy and Human Sciences: Philosophical Papers II*, Cambridge University Press.

1989 *Sources of the Self: the Making of the Modern Identity*, Harvard University Press.

1992 *The Ethics of Authenticity*, Harvard University Press.

1995 *Philosophical Arguments*, Harvard University Press.

Chandran Kukathas and Philip Pettit

1990 *Rawls: A Theory of Justice and its Critics*, Cambridge: Polity Press.

Georgia Warnke

1993 *Justice and Interpretation*, Cambridge: MIT Press.

John Rawls

1971 *A Theory of Justice,* Harvard University Press.

1993 *Political Liberalism*, Columbia University Press.

Robert Nozick

1974 *Anarchy, State and Utopia*, Basic Books.

Michael Sandel

1982 *Liberalism and the Limits of Justice*, Cambridge University Press.

1984 (ed.) *Liberalism and Its Critics*, Basil Blackwell Publisher.

1996 *Democracy's Discontent: America in Search of a Public Philosophy*, Harvard University Press.

Michael Walzer

 1981 'Philosophy and Democracy', *Political Theory*,
 August, 1981.

 1983 *Spheres of Justice: A Defence of Pluralism
 and Equality*, Basic Books.

 1987 *Interpretation and Social Criticism*, Harvard
 University Press.

 1988 *The Company of Critics*, Basic Books.

Philip Pettit

 1998 'Reworking Sande's Republicanism', *The
 Journal of Philosophy*, Vol. XCV, No.2.

二、中文部分

艾賽亞‧伯林（編按：本書內文譯作柏林）

 1986 《自由四論》，台北：聯經出版事業公司。

亞里斯多德

 1990 《尼各馬科倫理學》，北京：中國社會

科學出版社。

汪暉、陳燕谷(主編)

　　1998　《文化與公共性》，北京：生活‧讀書‧
　　　　　　新知三聯書店。

查爾斯‧泰勒

　　1990　《黑格爾與現代社會》，台北：聯經出版
　　　　　　事業公司。

　　1994　〈公民社會的模式〉，《國外社會學》，
　　　　　　北京：中國社會科學院社會學所，第 2 期。

容迪

　　1998　〈在自我與社群中的自由主義〉，《自由
　　　　　　與社群》，北京：生活‧讀書‧新知三聯
　　　　　　書店。

黑格爾

　　1961　《法哲學原理》，北京：商務印書館。

邁克爾‧瓦爾策（編按：本書內文譯作華爾澤）

　　1994　〈公民社會的思想—社會重建之路〉，《國
　　　　　外社會學》，北京：中國社會科學院社會
　　　　　學所，第2期。

應奇

　　1993　《市民社會：康德、黑格爾與馬克思》，上
　　　　　海社會科學院哲學所碩士學位論文。

戴維‧米勒（David Miller）、韋農‧波格丹諾（Vernon
Bogdanor）（編）

　　1992　《布萊克維爾政治學百科全書》，北京：
　　　　　中國政法大學出版社。

文化手邊冊　47

社群主義

作　　者／應　奇
出 版 者／揚智文化事業股份有限公司
發 行 人／葉忠賢
總 編 輯／孟　樊
執行編輯／吳佩娟
登 記 證／局版北市業字第 1117 號
地　　址／台北市新生南路三段 88 號 5 樓之 6
電　　話／(02)2366-0309　2366-0313
傳　　真／(02)2366-0310
印　　刷／偉勵彩色印刷股份有限公司
法律顧問／北辰著作權事務所　蕭雄淋律師
初版一刷／1999 年 11 月
定　　價／新台幣 150 元

南區總經銷／昱泓圖書有限公司
地　　址／嘉義市通化四街 45 號
電　　話／(05)231-1949　231-1572
傳　　真／(05)231-1002

ISBN　957-818-048-9
網址：http://www.ycrc.com.tw
E-mail：tn605547@ms6.tisnet.net.tw

國家圖書館出版品預行編目資料

社群主義 ＝Communitarianism／應奇著.--
　初版.　--臺北市：揚智文化，1999〔民 88〕
　　面：　　公分.--（文化手邊冊；47）
　參考書目：面
　　ISBN　957-818-048-9（平裝）

　　1.政治－哲學，原理

570.1　　　　　　　　　　　　　　88011549

電視文化理論

文化手邊冊 41

作者：馬傑偉

策劃：孟樊

定價：150

　　一台電視機，是電子科技的產品，卻承載著豐富的文化想像。電視在現代家居之中，幾乎是不可或缺的組成部分，它所傳播的影像、聲音、價值，長年累月地成為我們家居的意識環境。本書從多種理論角度，探討電視文化與社會權力的關係，涵蓋主要的電視文化理論，由馬克思主義各流派，到自由主義，以及近年流行的多元歧義論，都作全面的介紹和評價，且提出修正和重構，讓讀者掌握各種理論工具，深入瞭解電視的文化角色。

排除理論

文化手邊冊 42

作者：葉永文

策劃：孟樊

定價：150

　　排除理論是關注「差異」問題的一本理論構作，它顛覆了傳統對「秩序 V.S. 同一」組合的堅實堡壘，而以「秩序 V.S. 差異」論述了「社會如何可能？」的智識性命題。

　　排除理論揭示了人們習以為常但鮮為人知的差異界限之製造，我們每個人皆無時不在製造差異與劃定界限，而且一向熱衷於此。

　　因此，排除理論能讓您恍然大悟，增加您對生活中之另一側面的瞭解，並且給您一種新的看待歷史的方式。

年鑑學派

文化手邊冊 43

作者：張廣智
　　　陳新

策劃：孟樊

定價：150

　　本書介紹年鑑學派的過去與現在，繁榮與式微，成就與問題。年鑑學派不只是一個史學新流派、一種史學新典範、一股史學新思潮，發展至今，它已超越了其本身學派名稱的涵義，而孕育了更為深刻的文化意義。我們姑且稱這為「年鑑現象」。「年鑑現象」是一個學術的課題，更是一個社會的課題，其發展總是伴隨著時代的風雲，映照著社會的轉折，反襯出政治的、經濟的變遷，更可窺探文化的流程。

大法官

文化手邊冊 44

作者：陳俊榮

策劃：孟樊

定價：200

　　大法官，這個緣自美國聯邦最高法院的稱呼，在台灣目前的憲政框架下，指的究竟是一批什麼樣的人？他們本身有何特質？又是如何被揀選出來的？本書不在探討大法官本身所具備的職權及其功能，旨在剖析「人」的因素，即大法官所具有的背景及其選任過程，並以中美兩國做一比較，爬梳的資料涵蓋至其歷史源頭以迄於現在，足供相關人士參考。大法官在憲政體制中所居地位的重要，不僅不應被忽視，更要予以長期的關注和研究。

消費者政治學

文化手邊冊 45
作者：楊鳳春
策劃：孟樊
定價：150

　　本書是專門研究消費者政治行為以及消費者在社會政治生活中地位和作用的開創性著作。本書首次在宏觀和微觀層面將消費者納入政治分析的視野，提出了消費者「政治人」的概念。以本質上說，消費問題涵蓋和容納了廣泛的社會政治內容，是政治學研究的一個良好視點，這個視點使人們得以在一般的消費行為中觀察和衡量包括政府政策、政府性質，以及社會不同集團間政治關係在內的諸多政治現象。

後現代主義

文化手邊冊 46

作者：鄭祥福

策劃：孟樊

定價：150

　　關於後現代主義的著作，或許已是
汗牛充棟，然而大多數的介紹，不是過
於膚淺，就是過於艱澀，使得有心想瞭
解後現代主義的讀者往往不得其門而
入。本書即是針對上述弊病而發，作者
不僅準確地概括了後現代主義的基本精
神，並透過闡釋後現代主義在造型藝術、
建築、繪畫、音樂、電影等各方面的具
體表現，清楚地呈現後現代主義的特徵。
作者在書中所舉的例子——如「侏羅紀
公園」、「第六感追緝令」等，皆是我
們耳熟能詳的。